Coleção Espírito Crítico

A TEORIA DO ROMANCE

Coleção Espírito Crítico

Conselho editorial:
Alfredo Bosi
Antonio Candido
Augusto Massi
Davi Arrigucci Jr.
Flora Süssekind
Gilda de Mello e Souza
Roberto Schwarz

Georg Lukács

A TEORIA DO ROMANCE

Um ensaio histórico-filosófico
sobre as formas da grande épica

Tradução, posfácio e notas
José Marcos Mariani de Macedo

Livraria
Duas Cidades

editora 34

Editora 34 Ltda.
Rua Hungria, 592 Jardim Europa CEP 01455-000
São Paulo - SP Brasil Tel/Fax (11) 3811-6777 www.editora34.com.br

Copyright © Editora 34 Ltda. (edição brasileira), 2000
A teoria do romance © Georg Lukács, 1965

A fotocópia de qualquer folha deste livro é ilegal e configura uma
apropriação indevida dos direitos intelectuais e patrimoniais do autor.

Edição conforme o Acordo Ortográfico da Língua Portuguesa.

Capa, projeto gráfico e editoração eletrônica:
Bracher & Malta Produção Gráfica

Preparação do texto:
Mara Valles, Iracema Alves Lazari

Revisão:
Alexandre Barbosa de Souza, Cide Piquet

1ª Edição - 2000 (3 Reimpressões), 2ª Edição - 2009 (4ª Reimpressão - 2021)

Catalogação na Fonte do Departamento Nacional do Livro
(Fundação Biblioteca Nacional, RJ, Brasil)

Lukács, Georg, 1885-1971

L954t   A teoria do romance: um ensaio histórico-filosófico
sobre as formas da grande épica / Georg Lukács; tradução,
posfácio e notas de José Marcos Mariani de Macedo. —
São Paulo: Duas Cidades; Editora 34, 2009 (2ª Edição).
240 p.   (Coleção Espírito Crítico)

ISBN 978-85-7326-182-0

1. Ficção - História e crítica. I. Título. II. Série.

CDD - 801.953

Índice

Prefácio do autor (1962) 7

I. As formas da grande épica
em sua relação com o caráter fechado
ou problemático da cultura
como um todo 23

1. Culturas fechadas 25
2. O problema da filosofia histórica
   das formas 36
3. Epopeia e romance 55
4. A forma interna do romance 69
5. Condicionamento e significado
   histórico-filosófico do romance 85

II. Ensaio de uma tipologia
da forma romanesca 97

1. O idealismo abstrato 99
2. O romantismo da desilusão 117
3. *Os anos de aprendizado de Wilhelm Meister*
   como tentativa de uma síntese 138
4. Tolstói e a extrapolação
   das formas sociais de vida 150

Posfácio do tradutor 165

1. Doutrina das formas e poética dos gêneros 174
2. Os gêneros e o romance 197
3. Bibliografia 224

Índice onomástico 231
Sobre o autor 233

Prefácio do autor

Este estudo foi esboçado no verão de 1914 e redigido no inverno de 1914-15. Apareceu primeiro na *Zeitschrift für Ästhetik und Allgemeine Kunstwissenschaft* [Revista de estética e de história geral da arte] de Max Dessoir, no ano de 1916, e, em forma de livro, na editora de P. Cassirer (Berlim, 1920).

A circunstância que lhe desencadeou o surgimento foi a eclosão da guerra em 1914, o efeito que a aclamação da guerra pela social-democracia exercera sobre a inteligência de esquerda. A minha posição íntima era de repúdio veemente, global e, especialmente no início, pouco articulado da guerra, sobretudo do entusiasmo pela guerra. Lembro-me de uma conversa com a senhora Marianne Weber, no final do outono de 1914. Ela queria minar minha resistência narrando alguns feitos heroicos concretos. Respondi apenas: "Quanto melhor, pior". Nessa época, ao tentar alçar à consciência minha atitude emocional, cheguei aproximadamente ao seguinte resultado: as Potências Centrais provavelmente baterão a Rússia; isso pode levar à queda do czarismo: de acordo. Há também certa probabilidade de que o Ocidente triunfe sobre a Alemanha; se isso tiver como consequência a derrocada dos Hohenzollern e dos Habsburgos, estou igualmente de acordo. Mas então surge a pergunta: quem nos salva da civilização ocidental? (Tomava como um pesadelo a perspectiva de uma vitória final da Alemanha da época.)[1]

Em tal estado de ânimo nasceu o primeiro esboço da *Teoria do romance*. Originalmente ela foi imaginada como uma série de diálogos: um grupo de jovens refugia-se da psicose bélica de seu meio, tal como os narradores das novelas no *Decamerão* refugiam-se da peste; eles buscam compreender uns aos outros por meio de diálogos que, progressivamente, levam aos problemas tratados no livro, à perspectiva de um mundo dostoievskiano. Refletindo com mais vagar, esse plano foi abandonado e chegou-se à redação da *Teoria do romance* em sua versão atual. Ela surgiu, pois, sob um estado de ânimo de permanente desespero com a situação mundial. Somente o ano de 1917 trouxe-me uma resposta às perguntas que até então me pareciam insolúveis.

Óbvio que seria possível considerar esse texto em si mesmo, segundo o seu puro conteúdo objetivo, sem referência às condições intrínsecas de seu surgimento. Mas creio que, numa retrospectiva histórica de quase cinco décadas, vale a pena descrever o estado de ânimo de sua gênese, pois isso facilitará sua correta compreensão.

Uma coisa é clara: esse repúdio da guerra e, com ele, da sociedade burguesa da época era puramente utópico; nem sequer no plano da intelecção mais abstrata havia na época algo que mediasse minha postura subjetiva com a realidade objetiva. Metodologicamente, porém, a consequência mais importante foi que,

---

[1] Sobre o assunto, ver o texto de juventude de Lukács escrito em 1915 e editado postumamente, com base nos manuscritos: "Die deutschen Intellektuellen und der Krieg" [Os intelectuais alemães e a guerra], *in Text+Kritik*, 39/40, Munique, Richard Boorberg, 1973, pp. 65-9. (N. do T.)

Prefácio do autor

a princípio, não senti necessidade alguma de submeter a minha visão de mundo, o método de meu trabalho científico etc. à avaliação crítica. Encontrava-me, a essa altura, no processo de transição de Kant para Hegel, sem contudo alterar em nada minha relação com os métodos das chamadas ciências do espírito; esssa relação baseava-se essencialmente nas impressões que me causaram na juventude os trabalhos de Dilthey, Simmel e Max Weber. *A teoria do romance* é, de fato, um produto típico das tendências das ciências do espírito. Em 1920, em Viena, ao conhecer pessoalmente Max Dvorák, ele me disse que tomava a obra como a publicação mais relevante dessa corrente.

Hoje já não é mais difícil ver com clareza as limitações desse método. Pode-se, no entanto, apreciar também sua relativa justificação histórica diante da bidimensionalidade rasteira do positivismo neokantiano ou de quantos mais, tanto no tratamento de figuras ou correlações históricas quanto na correta compreensão de realidades intelectuais (lógica, estética etc.). Penso, por exemplo, no efeito fascinante de *Das Erlebnis und die Dichtung* [Vivência e literatura] (Leipzig, 1905), de Dilthey, um livro que, em muitos aspectos, parecia ser terra virgem. Essa terra virgem nos parecia então um mundo intelectual de sínteses grandiosas, tanto no horizonte teórico quanto histórico. Não nos dávamos conta de quão pouco esse novo método superara efetivamente o positivismo, de quão pouco suas sínteses eram objetivamente fundadas. (Nós, jovens, não percebemos então que as pessoas de talento chegavam a seus resultados genuinamente convincentes mais a despeito desse método do que com seu auxílio.) Virou moda formar conceitos gerais sintéticos a partir de alguns poucos traços, a maioria das vezes apreendidos pela mera intuição, de uma escola, de um período etc., dos quais a seguir se descia dedutivamente aos fenômenos isolados, e assim se acreditava alcançar uma visão abrangente do conjunto.

A teoria do romance

Esse foi também o método da *Teoria do romance*. Cito apenas alguns exemplos. Na "tipologia da forma romanesca", a alternativa intelectual entre a alma do protagonista ser demasiado estreita ou ampla em relação à realidade cumpre papel decisivo. Essa bipartição altamente abstrata presta-se, na melhor das hipóteses, para elucidar alguns aspectos do *Dom Quixote*, apontado como representativo do primeiro tipo. Mas ela é por demais genérica para apreender intelectualmente toda a riqueza histórica e estética até mesmo desse romance em particular. Os outros escritores incluídos nesse tipo, porém, como Balzac ou mesmo Pontoppidan, são cingidos numa camisa de força conceitual que os distorce. O mesmo ocorre com o outro tipo. Esse efeito da síntese abstrata das ciências do espírito é ainda mais característico em Tolstói. O epílogo de *Guerra e paz* é, na verdade, uma autêntica conclusão, em termos de ideias, do período das guerras napoleônicas: na evolução de alguns personagens, antecipa ele as sombras projetadas pela insurreição decembrista de 1825. O autor da *Teoria do romance* atém-se com tanta teimosia ao esquema da *Educação sentimental* que julga encontrar aqui simplesmente uma "serena atmosfera de quarto de crianças", uma "desolação mais profunda que o final do mais problemático romance da desilusão". Tais exemplos cumulam-se à vontade. Basta lembrar que romancistas como Defoe, Fielding ou Stendhal não encontraram lugar no esquematismo dessa construção; que o autor da *Teoria do romance* vira de ponta-cabeça, com arbitrariedade "sintética", a importância de Balzac e Flaubert, de Tolstói e Dostoiévski etc. etc.

Tais distorções têm ao menos de ser mencionadas para revelar corretamente as limitações das sínteses abstratas das ciências do espírito. Isso não implica, é claro, que todo o acesso à descoberta de correlações interessantes estivesse em princípio vedado ao autor da *Teoria do romance*. Basta citar aqui o exem-

Prefácio do autor

plo mais característico: a análise do papel do tempo na *Educação sentimental*. Como análise da obra concreta, também nesse caso surge uma abstração inadmissível. A descoberta de uma *"Recherche du temps perdu"* pode ser justificada objetivamente, quando muito, em relação à última parte do romance (após a derrota definitiva da Revolução de 1848). Ainda assim, a nova função do tempo no romance — baseada na *durée* de Bergson — é formulada aqui inequivocamente. Isso é tanto mais notável uma vez que Proust só se tornou conhecido na Alemanha após 1920, o *Ulisses*, de Joyce, só apareceu em 1922 e a *Montanha mágica*, de Thomas Mann, só em 1924.

Assim, a *Teoria do romance* é um produto típico da ciência do espírito, sem apontar para além de suas limitações metodológicas. Mas seu sucesso — Thomas Mann e Max Weber estão entre os leitores que a aclamaram — não foi puramente casual. Embora radique-se no âmbito das ciências do espírito, esse livro contém — dentro de suas referidas limitações — certos traços que se tornaram relevantes no desenvolvimento posterior. Já se mencionou que o autor da *Teoria do romance* tornara-se hegeliano. Os mais antigos e importantes representantes do método das ciências do espírito postavam-se em solo kantiano, não livres de resquícios positivistas; esse é o caso sobretudo de Dilthey. E as tentativas de superar o racionalismo raso e positivista significavam quase sempre um passo rumo ao irracionalismo; este é o caso sobretudo de Simmel, mas também do próprio Dilthey. Não resta dúvida de que o *revival* hegeliano já tivera início alguns anos antes de deflagrada a guerra. Mas o que nele se podia tomar como cientificamente sério restringia-se principalmente à esfera da lógica ou da doutrina geral da ciência. Que eu saiba, a *Teoria do romance* é a primeira obra das ciências do espírito em que os resultados da filosofia hegeliana foram aplicados concretamente a problemas estéticos. Sua primeira parte, a mais genérica, é definida essencialmente por Hegel: tal é o caso da contraposição das espécies de totalidade na épica e no drama, tal é o caso da noção histórico-filosófica da correspondência e do antagonismo entre epopeia e romance etc. Sem dúvida o autor da *Teoria do romance* não era um hegeliano exclusivista e ortodoxo. As análises de Goethe e Schiller, as concepções de Goethe em seu período maduro (o demoníaco, por exemplo), as teorias estéticas do jovem Friedrich Schlegel e Solger (ironia como meio moderno de configuração) complementam e concretizam os contornos hegelianos genéricos.

Um legado hegeliano talvez ainda mais importante é a historicização das categorias estéticas. No âmbito da estética, a inovação de Hegel produz aqui os resultados mais significativos. Kantianos como Rickert e sua escola cavam um abismo metodológico entre valor atemporal e realização histórica do valor. O próprio Dilthey está longe de apreender essa contradição tão bruscamente, embora — nos esboços do método da história da filosofia — não vá além da criação de uma tipologia meta-histórica das filosofias, que se realizam então historicamente em variantes concretas. Isso ele logra por vezes em algumas de suas análises estéticas, mas de certo modo às cegas, certamente sem a consciência de encontrar uma nova metodologia. O fundamento da cosmovisão desse conservadorismo filosófico é a atitude histórico-política conservadora dos principais representantes das ciências do espírito, que remonta intelectualmente a Ranke e com isso se opõe frontalmente à evolução dialética do espírito do mundo de Hegel. Há também, claro, um relativismo histórico positivista e, precisamente durante a guerra, Spengler combinou-o com tendências das ciências do espírito, ao historicizar radicalmente todas as categorias e não reconhecer, seja estética, ética ou logicamente, nenhuma validade supra-histórica. Mas desta feita ele suprime, por sua vez, a unidade do próprio processo histórico: o extremo dinamismo histórico converte-se por fim numa estáti-

Prefácio do autor

ca última, numa superação última da própria história, na sucessão de ciclos culturais intrinsecamente desconexos, os quais se encerram e reiniciam de forma recorrente; surge um contraponto secessionista com relação a Ranke.

O autor da *Teoria do romance* não vai tão longe. Ele buscava uma dialética universal dos gêneros fundada historicamente, baseada na essência das categorias estéticas, na essência das formas literárias — dialética esta que aspira a uma vinculação entre categoria e história ainda mais estreita do que aquela por ele encontrada no próprio Hegel; buscava apreender intelectualmente uma permanência na mudança, uma transformação interna dentro da validade da essência. Seu método, no entanto, permanece muitas vezes extremamente abstrato, precisamente em contextos de grande relevância, desvinculado das realidades histórico-sociais concretas. Por isso, com exagerada frequência ele conduz, como foi apontado, a construções arbitrárias. Só uma década e meia mais tarde me foi possível — já em solo marxista, é claro — encontrar um caminho para a solução. Quando nós, com M. A. Lifschitz, em repúdio à sociologia vulgar, da mais variada extração, do período stalinista, tencionávamos desentranhar e aperfeiçoar a genuína estética de Marx, chegamos a um verdadeiro método histórico-sistemático. *A teoria do romance* permaneceu uma tentativa que fracassou tanto no projeto quanto na execução, mas que em suas intenções aproximou-se mais da saída correta do que seus contemporâneos foram capazes de fazê-lo.

Do legado hegeliano procede igualmente a problemática estética do presente: que, do ponto de vista histórico-filosófico, o desenvolvimento desemboca numa espécie de superação daqueles princípios estéticos que até ali haviam determinado o curso da arte. No próprio Hegel, porém, somente a arte torna-se problemática como resultado disso: o "mundo da prosa", como ele designa esteticamente essa situação, é justamente o espírito ter-se alçado a si mesmo no pensamento e na práxis socioestatal. A arte torna-se problemática precisamente porque a realidade deixa de sê-lo. De todo contrária é a concepção formalmente semelhante da *Teoria do romance*: nela, a problemática da forma romanesca é a imagem especular de um mundo que saiu dos trilhos. Eis por que a "prosa" da vida é nela um mero sintoma, entre muitos outros, do fato de a realidade não constituir mais um terreno propício à arte; eis por que o acerto de contas artístico com as formas fechadas e totais que nascem de uma totalidade do ser integrada em si, com cada mundo das formas em si imanentemente perfeito, é o problema central da forma romanesca. E isso não por razões artísticas, mas histórico-filosóficas: "não há mais uma totalidade espontânea do ser", diz o autor da *Teoria do romance* sobre a realidade do presente. Alguns anos mais tarde, Gottfried Benn expressa esse fato de outro modo: "[...] não havia mesmo uma realidade, quando muito a sua caricatura" ("Bekenntnis zum Expressionismus" [Profissão de fé expressionista], *in Deutsche Zukunft*, 5/11/1933; e *Gesammelte Werke*, vol. I. Wiesbaden, D. Wellershoff, 1959, p. 245). Embora *A teoria do romance*, em sentido ontológico, seja mais crítica e mais ponderada que o poeta expressionista, persiste o fato de ambos expressarem impressões semelhantes e reagirem de maneira semelhante ao presente. Surge assim, no debate sobre expressionismo e realismo dos anos trinta, a situação algo grotesca em que Ernst Bloch invoca *A teoria do romance* em sua polêmica com o Georg Lukács marxista.

É por si só evidente que essa oposição entre *A teoria do romance* e Hegel, seu guia metodológico universal, é primordialmente de natureza social, não estético-filosófica. Talvez baste lembrar o que já foi notado no início sobre a posição de seu autor em face da guerra. Acrescentemos ainda que a sua concepção da realidade social era na época fortemente influenciada por Sorel.

Prefácio do autor

É por isso que, na *Teoria do romance*, o presente não é caracterizado em termos hegelianos, mas, segundo a fórmula de Fichte, como a "era da perfeita pecaminosidade". Esse pessimismo de matizes éticos em relação ao presente não significa, porém, uma inflexão geral de Hegel a Fichte, mas antes uma kierkegaardização da dialética histórica de Hegel. Kierkegaard sempre representou um papel de destaque para o autor da *Teoria do romance*. Muito antes de este se tornar moda, ele tratou da correlação entre a vida e o pensamento de Kierkegaard num ensaio ("Das Zerschellen der Form am Leben: Sören Kierkegaard und Regine Olsen" [O estilhaçar da forma em contato com a vida], escrito em 1909, publicado em alemão em *Die Seele und die Formen: Essays* [A alma e as formas], Berlim, 1911). E nos seus anos de Heidelberg imediatamente anteriores à guerra, ele se ocupava com um estudo sobre a crítica de Kierkegaard a Hegel, que no entanto jamais seria concluído. Esses fatos são mencionados aqui não por razões biográficas, mas para indicar uma tendência evolutiva que mais tarde se tornaria relevante no pensamento alemão. A influência direta de Kierkegaard conduz sem dúvida à filosofia existencialista de Heidegger e Jaspers, portanto a uma oposição mais ou menos aberta a Hegel. Mas não se deve esquecer que o próprio *revival* hegeliano tinha como propósito vigoroso aproximar Hegel do irracionalismo. Essa tendência já é perceptível nas investigações de Dilthey sobre o jovem Hegel (1905), e adquire um contorno nítido na tirada de Kroner segundo a qual Hegel teria sido o maior irracionalista na história da filosofia (1924). Aqui ainda não é demonstrável a influência direta de Kierkegaard. Mas nos anos vinte ela se acha por toda parte em estado latente, em ascensão mesmo, e aos poucos conduz a uma kierkegaardização do jovem Marx. Karl Löwith escreve em 1941: "Por mais afastados que se achem um do outro [Marx e Kierkegaard], próximo é o parentesco de ambos no ataque comum ao existente e na origem hegeliana". (Ocioso comentar o quão difundida é essa tendência na atual filosofia francesa.)

A base sociofilosófica de tais teorias é a atitude cambiante, tanto em termos filosóficos quanto políticos, do anticapitalismo romântico. Originalmente — no jovem Carlyle ou em Cobbett, por exemplo — trata-se de uma verdadeira crítica do horror e da hostilidade cultural do capitalismo nascente e, por vezes, até de uma forma embrionária de crítica socialista, como no *Past and Present* de Carlyle. Na Alemanha, dessa atitude fez-se aos poucos uma forma de apologia do atraso político-social do império dos Hohenzollern. Visto superficialmente, um escrito de guerra tão relevante como as *Betrachtungen eines Unpolitischen* [Considerações de um apolítico] (1918), de Thomas Mann, segue a mesma linha. Mas a evolução posterior de Thomas Mann, já nos anos vinte, justifica sua própria descrição dessa obra: "É uma batida em retirada em grande estilo — a última e a mais tardia de uma burguesia romântica alemã —, levada a efeito com a plena consciência de sua inutilidade [...], até mesmo com a percepção da insalubridade e imoralidade espirituais de toda a simpatia para com o que está fadado à morte [...]".

No autor da *Teoria do romance*, a despeito de seu ponto de partida filosófico em Hegel, Goethe e o Romantismo, não se percebem tais estados de ânimo. Sua oposição ao vazio cultural do capitalismo não contém nenhuma simpatia pela "miséria alemã" e seus resíduos no presente, como em Thomas Mann. *A teoria do romance* não é de caráter conservador, mas subversivo. Mesmo que fundamentada num utopismo altamente ingênuo e totalmente infundado: a esperança de que do colapso do capitalismo, do colapso — a ele identificado — das categorias socioeconômicas inanimadas e hostis à vida, possa nascer uma vida natural, digna do homem. Que o livro culmine na análise de Tolstói, o seu relance de olhos sobre Dostoiévski, que já "não escreveu ro-

Prefácio do autor

mances", mostra nitidamente que o autor não esperava uma nova forma literária, mas expressamente um "novo mundo". Com todo direito pode-se rir desse utopismo primitivo, mas ele evidencia uma corrente intelectual que fazia parte da realidade da época. Nos anos vinte, contudo, a perspectiva de suplantar socialmente o mundo da economia assumiu com força cada vez maior um explícito caráter reacionário. Mas ao tempo da redação da *Teoria do romance*, tais ideias ainda se achavam numa forma embrionária completamente indiferenciada. De novo, basta um exemplo. Se Hilferding, o mais renomado economista da Segunda Internacional, pôde escrever sobre a sociedade comunista, em seu *Finanzkapital* [Capital financeiro] (1909): "Nela a troca é acidental, não um possível objeto da consideração teórica da economia. Não pode ela ser analisada teoricamente, apenas psicologicamente apreendida"; se se pensar nas utopias — de cunho revolucionário — dos últimos anos da guerra e do imediato pós-guerra, então se pode avaliar com mais justiça histórica essa utopia da *Teoria do romance*, sem de algum modo afrouxar a crítica de sua inconsistência teórica.

É justamente uma crítica desse tipo que está talhada a iluminar corretamente outra peculiaridade da *Teoria do romance*, em virtude da qual ela representa algo de novo na literatura alemã. (Na França, havia muito o fenômeno a ser agora investigado já era conhecido.) Em resumo: o autor da *Teoria do romance* possuía uma concepção de mundo voltada a uma fusão de ética de "esquerda" e epistemologia de "direita" (ontologia etc.). Se a Alemanha guilhermina conheceu uma literatura oposicionista de princípios, esta se escudou nas tradições do Iluminismo, na maioria das vezes, sem dúvida, em seus epígonos mais rasteiros, e assumiu uma postura de recusa global inclusive das valiosas tradições literárias e teóricas da Alemanha. (Nesse sentido, o socialista Franz Mehring é uma rara exceção.) *A teoria do romance*, até onde posso enxergar, é o primeiro livro alemão em que uma ética de esquerda, norteada pela revolução radical, aparece alinhada a uma exegese tradicionalmente convencional da realidade. Na ideologia dos anos vinte, essa atitude já cumpre um papel cada vez mais importante. Pense-se no *Geist der Utopie* [Espírito da utopia] (1918, 1923) e no *Thomas Münzer als Theologe der Revolution* [Thomas Münzer, teólogo da revolução] (1921) de Ernst Bloch, em Walter Benjamin e mesmo no jovem Th. W. Adorno etc. Na luta intelectual contra o hitlerismo, sua relevância cresce ainda mais: muitos tentam — partindo de uma ética de esquerda — mobilizar Nietzsche ou mesmo Bismarck como forças progressistas contra a reação fascista. (Noto apenas de passagem que a França, onde esse rumo emergiu muito antes que na Alemanha, possui hoje em Sartre o representante de extrema influência dessa corrente. Por razões óbvias, não podemos discutir aqui os fundamentos sociais do surgimento precoce e da eficácia prolongada desse fenômeno na França.) Somente após a vitória sobre Hitler, somente com a restauração e o "milagre econômico" pôde essa função da ética de esquerda na Alemanha sumir pelo alçapão e ceder lugar, no fórum da atualidade, a um conformismo disfarçado de não conformismo. Uma parte considerável da nata da inteligência alemã, inclusive Adorno, alojou-se no "Grande Hotel Abismo" — como escrevi por ocasião de uma crítica a Schopenhauer —, um "belo hotel, provido de todo conforto, à beira do abismo, do nada, do absurdo. E o espetáculo diário do abismo, entre refeições ou espetáculos comodamente fruídos, só faz elevar o prazer desse requintado conforto" (*Die Zerstörung der Vernunft* [A destruição da razão], Neuwied, 1962, p. 219). Que Ernst Bloch persevere até agora, impassível, em sua síntese entre ética de esquerda e epistemologia de direita (ver, por exemplo, *Philosophische Grundfragen I, Zur Ontologie des Noch-Nicht-Seins* [Questões filosóficas fundamentais, para uma ontologia do ain-

Prefácio do autor

da-não-ser], Frankfurt, 1961) honra seu caráter, embora não possa mitigar o anacronismo de sua postura teórica. Se é certo que uma oposição efetiva, fecunda e progressista realmente se faz notar no mundo ocidental (inclusive na República Federal), ela não tem mais nada a ver com a conjunção entre ética de esquerda e epistemologia de direita.

Se hoje, portanto, alguém lê *A teoria do romance* para conhecer mais de perto a pré-história das ideologias relevantes nos anos vinte e trinta, pode tirar proveito de tal leitura crítica. Mas se tomar o livro na mão para orientar-se, o resultado só poderá ser uma desorientação ainda maior. Em jovem escritor, Arnold Zweig leu *A teoria do romance* para orientar-se; seu instinto sadio levou-o, com todo o acerto, à rejeição categórica.

Georg Lukács
Budapeste, julho de 1962

a Ielena Andréievna Grabenko

Fotografia de Georg Lukács realizada por ocasião de viagem à Itália (agosto de 1913).

I.
As formas da grande épica em sua relação com o caráter fechado ou problemático da cultura como um todo

1. Culturas fechadas

Afortunados os tempos para os quais o céu estrelado é o mapa dos caminhos transitáveis e a serem transitados, e cujos rumos a luz das estrelas ilumina. Tudo lhes é novo e no entanto familiar, aventuroso e no entanto próprio. O mundo é vasto, e no entanto é como a própria casa, pois o fogo que arde na alma é da mesma essência que as estrelas; distinguem-se eles nitidamente, o mundo e o eu, a luz e o fogo, porém jamais se tornarão para sempre alheios um ao outro, pois o fogo é a alma de toda luz e de luz veste-se todo fogo. Todo ato da alma torna-se, pois, significativo e integrado nessa dualidade: perfeito no sentido e perfeito para os sentidos; integrado, porque a alma repousa em si durante a ação; integrado, porque seu ato desprende-se dela e, tornado si mesmo, encontra um centro próprio e traça a seu redor uma circunferência fechada. "Filosofia é na verdade nostalgia", diz Novalis, "o impulso de sentir-se em casa em toda parte".[1] Eis por que a filosofia, tanto como forma de vida quanto como a determinante da forma e a doadora de conteúdo da criação literária,

---

[1] Novalis, *Das Allgemeine Brouillon* [O borrador universal], nº 857, *in Werke, Tagebücher und Briefe*, vol. II, Munique, Carl Hanser, 1978, p. 675. (N. do T.)

é sempre um sintoma da cisão entre interior e exterior, um índice da diferença essencial entre eu e mundo, da incongruência entre alma e ação. Eis por que os tempos afortunados não têm filosofia, ou, o que dá no mesmo, todos os homens desse tempo são filósofos, depositários do objetivo utópico de toda a filosofia. Pois qual a tarefa da verdadeira filosofia senão esboçar esse mapa arquetípico? Qual o problema do *locus* transcendental senão a determinação da correspondência de cada ímpeto que brota da mais profunda interioridade com uma forma que lhe é desconhecida, mas que lhe está designada desde a eternidade e a envolve num simbolismo redentor? Aí a paixão é o caminho predeterminado pela razão para a perfeita individualidade, e da loucura são emitidos sinais enigmáticos mas decifráveis de um poder transcendente, de outro modo condenado ao silêncio. Aí não há ainda nenhuma interioridade, pois ainda não há nenhum exterior, nenhuma alteridade para a alma. Ao sair em busca de aventuras e vencê-las, a alma desconhece o real tormento da procura e o real perigo da descoberta, e jamais põe a si mesma em jogo; ela ainda não sabe que pode perder-se e nunca imagina que terá de buscar-se. Essa é a era da epopeia. Não é a falta de sofrimento ou a segurança do ser que revestem aqui homens e ações em contornos jovialmente rígidos (o absurdo e a desolação das vicissitudes do mundo não aumentaram desde o início dos tempos, apenas os cantos de consolação ressoam mais claros ou mais abafados), mas sim a adequação das ações às exigências intrínsecas da alma: à grandeza, ao desdobramento, à plenitude. Quando a alma ainda não conhece em si nenhum abismo que a possa atrair à queda ou a impelir a alturas ínvias, quando a divindade que preside o mundo e distribui as dádivas desconhecidas e injustas do destino posta-se junto aos homens, incompreendida mas conhecida, como o pai diante do filho pequeno, então toda a ação é somente um traje bem-talhado da alma. Ser e destino, aventura e perfeição, vida e essência são então conceitos idênticos. Pois a pergunta da qual nasce a epopeia como resposta configuradora é: como pode a vida tornar-se essencial? E o caráter inatingível e inacessível de Homero — e a rigor apenas os seus poemas são epopeias — decorre do fato de ele ter encontrado a resposta antes que a marcha do espírito na história permitisse formular a pergunta.

Se quisermos, assim podemos abordar aqui o segredo do helenismo, sua perfeição que nos parece impensável e a sua estranheza intransponível para nós: o grego conhece somente respostas, mas nenhuma pergunta, somente soluções (mesmo que enigmáticas), mas nenhum enigma, somente formas, mas nenhum caos. Ele ainda traça o círculo configurador das formas aquém do paradoxo, e tudo o que, a partir da atualização do paradoxo, teria de conduzir à superficialidade, leva-o à perfeição. Quando se fala dos gregos, mistura-se sempre filosofia da história e estética, psicologia e metafísica, e trama-se uma relação entre as suas formas e a nossa era. Belas almas buscam os seus próprios instantes sublimes, instantes fugazmente efêmeros, nunca apreensíveis, de uma sonhada tranquilidade por trás dessas máscaras taciturnas, caladas para sempre, esquecendo que o valor desses instantes é a sua fugacidade, que aquilo de que fogem para buscar abrigo junto aos gregos é a sua própria profundidade e grandeza. Espíritos mais profundos, empenhados em coagular em aço purpúreo o sangue que lhes brota e forjá-lo em couraça, para que suas feridas permaneçam eternamente ocultas e seus gestos de heroísmo tornem-se o paradigma do verdadeiro e futuro heroísmo, a fim de que o novo heroísmo seja por ele desperto, compararam a fragmentariedade de sua figuração[2] com a harmonia gre-

---

[2] *Formung*, em alemão. Ao longo do texto o termo refere-se à *forma consumada*, em oposição ao *ato de dar forma* (*Formen*). Ver por ex. p. 85. (N. do T.)

ga, e os próprios sofrimentos, de que brotaram suas formas, com os sonhados martírios que precisaram da pureza grega para ser pacificados. Concebendo a perfeição da forma, de modo obstinadamente solipsista, como função do dilaceramento interno, querem eles perceber nas composições dos gregos a voz de um tormento cuja intensidade supera a sua na mesma medida em que a arte grega suplanta aquilo que configuram. Ora, trata-se aqui de uma completa inversão da topografia transcendental do espírito, que em sua essência e em suas consequências pode ser perfeitamente descrita, perfeitamente interpretada e concebida em sua relevância metafísica, mas para a qual será sempre impossível encontrar uma psicologia, por mais intuitiva ou meramente conceitual que seja. Isso porque toda a compreensão psicológica já pressupõe uma determinada posição dos *loci* transcendentais e funciona somente dentro da esfera destes. Em vez de querer compreender o helenismo desse modo, ou seja, perguntar inconscientemente como poderíamos em última instância produzir essas formas ou como nos portaríamos se possuíssemos tais formas, mais frutífero seria indagar pela topografia transcendental do espírito grego, essencialmente diversa da nossa, que tornou possíveis e também necessárias tais formas.

Dizíamos que o grego conta com as respostas antes de formular as perguntas. Isso também não deve ser entendido psicologicamente, mas (quando muito) em termos psicológico-transcendentais. Significa que, na relação estrutural última, condicionante de todas as experiências e configurações, não são dadas quaisquer diferenças qualitativas, portanto insuperáveis e só transponíveis com um salto, a separar os *loci* transcendentais entre si e estes do sujeito que lhes é designado *a priori*; significa que a ascensão ao mais elevado e a descida ao mais vazio de sentido concretizam-se por caminhos de adequação, ou seja, na pior das hipóteses, por intermédio de uma escala graduada, rica em transições. Por isso, a conduta do espírito nessa pátria é o acolhimento passivo-visionário de um sentido prontamente existente. O mundo do sentido é palpável e abarcável com a vista, basta encontrar nele o *locus* destinado ao individual. O erro, aqui, é questão somente de falta ou excesso, de uma falha de medida ou percepção. Pois saber é apenas o alçar véus opacos; criar, apenas o copiar essencialidades visíveis e eternas; virtude, um conhecimento perfeito dos caminhos; e o que é estranho aos sentidos decorre somente da excessiva distância em relação ao sentido. É um mundo homogêneo, e tampouco a separação entre homem e mundo, entre eu e tu é capaz de perturbar sua homogeneidade. Como qualquer outro elo dessa rítmica, a alma encontra-se em meio ao mundo; a fronteira criada por seus contornos não difere, em essência, dos contornos das coisas: ela traça linhas precisas e seguras, mas separa somente de modo relativo; só separa em referência a e em benefício de um sistema homogêneo de equilíbrio adequado. Pois o homem não se acha solitário, como único portador da substancialidade, em meio a figurações reflexivas: suas relações com as demais figurações e as estruturas[3] que daí resultam são, por assim dizer, substanciais como ele próprio ou mais verdadeiramente plenas de substância, porque mais universais, mais "filosóficas", mais próximas e aparentadas à pátria original: amor, família, Estado. O dever-ser é para ele apenas uma questão pedagógica, uma expressão de que ainda está a caminho de casa, mas não exprime ainda a relação única e insuperável com a substância. E também no próprio homem não há nada que o

---

[3] Entenda-se: "estruturas sociais"; a palavra é *Gebilde*, termo que pode ser traduzido como "formações" ou "formações históricas", o que, porém, levaria a confusão com o conceito de "forma" e os termos correlatos ("figuração", "formar", "configuração" etc.). (N. do T.)

A teoria do romance

obrigue ao salto: maculado pelo afastamento da matéria em relação à substância, deverá ele purificar-se na proximidade à substância da ascensão imaterial; um longo caminho jaz diante dele, mas dentro dele, nenhum abismo.

Tais fronteiras encerram necessariamente um mundo perfeito e acabado. Embora poderes ameaçadores e incompreensíveis se façam sentir além do círculo que as constelações do sentido presente traçam ao redor do cosmos a ser vivenciado e formado, eles não são capazes de desalojar a presença do sentido; podem eles aniquilar a vida, mas jamais confundir o ser; podem lançar sombras negras sobre o mundo formado, mas também elas serão incorporadas pelas formas, como contrastes cuja nitidez é tanto mais salientada. O círculo em que vivem metafisicamente os gregos é menor do que o nosso: eis por que jamais seríamos capazes de nos imaginar nele com vida; ou melhor, o círculo cuja completude constitui a essência transcendental de suas vidas rompeu-se para nós; não podemos mais respirar num mundo fechado. Inventamos a produtividade do espírito: eis por que, para nós, os arquétipos perderam inapelavelmente sua obviedade objetiva e nosso pensamento trilha um caminho infinito da aproximação jamais inteiramente concluída.[4] Inventamos a configuração: eis por que falta sempre o último arremate a tudo que nossas mãos, cansadas e sem esperança, largam pelo caminho. Descobrimos em nós a única substância verdadeira: eis por que tivemos de cavar abismos intransponíveis entre conhecer e fazer, entre alma e estrutura, entre eu e mundo, e permitir que, na outra margem do

---

[4] A noção que está por trás aqui é a *progressão infinita* do homem finito rumo à moralidade, desenvolvida por Kant na *Kritik der praktischen Vernunft* [Crítica da razão prática], A 221, Akademie Textausgabe, vol. V, Berlim, Walter de Gruyter & Co., 1968, pp. 122 ss. (N. do T.)

Culturas fechadas

abismo, toda a substancialidade se dissipasse em reflexão; eis por que nossa essência teve de converter-se, para nós, em postulado e cavar um abismo tanto mais profundo e ameaçador entre nós e nós mesmos. Nosso mundo tornou-se infinitamente grande e, em cada recanto, mais rico em dádivas e perigos que o grego, mas essa riqueza suprime o sentido positivo e depositário de suas vidas: a totalidade. Pois totalidade, como *prius* formador de todo fenômeno individual, significa que algo fechado pode ser perfeito; perfeito porque nele tudo ocorre, nada é excluído e nada remete a algo exterior mais elevado; perfeito porque nele tudo amadurece até a própria perfeição e, alcançando-se, submete-se ao vínculo. Totalidade do ser só é possível quando tudo já é homogêneo, antes de ser envolvido pelas formas; quando as formas não são uma coerção, mas somente a conscientização, a vinda à tona de tudo quanto dormitava como vaga aspiração no interior daquilo a que se devia dar forma; quando o saber é virtude e a virtude, felicidade; quando a beleza põe em evidência o sentido do mundo.

Esse é o mundo da filosofia grega. Mas tal pensamento surgiu apenas quando a substância já começava a desvanecer-se. Se a rigor não existe uma estética grega, pois a metafísica antecipou todo o estético, também não há na Grécia nenhuma contraposição rigorosa entre história e filosofia da história: os gregos percorrem na própria história todos os estágios correspondentes às grandes formas *a priori*; sua história da arte é uma estética metafísico-genética; sua evolução cultural, uma filosofia da história. Nesse processo ocorre a evasão da substância: da absoluta imanência à vida, em Homero, à absoluta, porém tangível e palpável, transcendência em Platão; e seus estágios, clara e precisamente distintos entre si (aqui o helenismo não conhece transições), nos quais seu sentido assentou-se como em eternos hieróglifos, são as grandes formas intemporalmente paradigmáticas da configuração do mundo: epopeia, tragédia e filosofia. O mundo da epopeia responde à pergunta: como pode a vida tornar-se essencial? Mas a resposta só amadureceu como pergunta quando a substância já acenava de longa distância. Somente quando a tragédia respondeu, configurando, à pergunta de como a essência pode tornar-se viva, tomou-se consciência de que a vida como ela é (e todo dever-ser suprime a vida) perdera a imanência da essência. No destino que dá forma e no herói que, criando-se, encontra a si mesmo, a pura essência desperta para a vida, a simples vida aniquila-se perante a única realidade verdadeira da essência; para além da vida, foi alcançado um nível do ser repleto de uma plenitude ricamente florescente, diante do qual a vida cotidiana não serve nem sequer de contraste. Também essa existência da essência não nasceu da necessidade, do problema: o nascimento de Palas[5] é o protótipo para a origem das formas gregas. Assim como a realidade da essência, ao descarregar-se na vida e engendrá-la, revela a perda de sua pura imanência à vida, esse subsolo problemático da tragédia também só se torna evidente, só se torna um problema, na filosofia: apenas quando a essência, completamente afastada da vida, tornou-se a única realidade absolutamente transcendental, quando também o destino da tragédia é desmascarado pela ação configuradora da filosofia como uma tosca e absurda arbitrariedade empírica e a paixão do herói como vinculação terrena, sua autoperfeição como limitação do sujeito contingente — só então a resposta dada pela tragédia ao ser não aparece mais como uma simples obviedade natural, senão como um milagre,

---

[5] Conta-se que Zeus, ao saber da gravidez de sua primeira esposa, Métis, foi aconselhado por Urano e Geia a engoli-la, pois, segundo as predições, se Métis tivesse uma filha e esta um filho, o neto destronaria o avô. Findo o período de gestação, Zeus foi acometido por uma terrível dor de cabeça e pediu a Hefesto que lhe abrisse o crânio com um machado. Dele saiu, já paramentada e de égide em punho, a deusa Palas Atena. (N. do T.)

Culturas fechadas

como um arco-íris esguio e firmemente arqueado sobre profundezas insondáveis. O herói da tragédia sucede ao homem vivo de Homero, e o explica e o transfigura justamente pelo fato de tomar-lhe a tocha bruxuleante e inflamá-la com brilho renovado. E o novo homem de Platão, o sábio, com seu conhecimento ativo e sua visão criadora de essências, não só desmascara o herói, mas ilumina o perigo sombrio por ele vencido e o transfigura na medida em que o suplanta. Mas o sábio é o último tipo humano, e seu mundo é a última configuração paradigmática da vida que foi dada ao espírito grego.[6] A elucidação das questões que condicionam e sustentam a visão platônica não rendeu novos frutos: o mundo tornou-se grego no correr dos tempos, mas o espírito grego, nesse sentido, cada vez menos grego; ele criou novos problemas imperecíveis (e também novas soluções), porém o mais propriamente grego do τόπος νοητός perdeu-se para sempre. E a senha do espírito vindouro, recém-fatídico, é um despropósito para os gregos.

---

[6] Há de ficar claro que, no mundo grego, a substância está sempre presente, não importa em qual de seus estágios, seja épica, tragédia ou filosofia; o que se altera é a *relação* com essa substância — da imanência à vida até a transcendência, de Homero até Platão. Nesse processo, distinguem-se dois momentos: primeiro, a eficácia característica do fato de a resposta à pergunta seguinte trazer sucessivamente à consciência a questão da pergunta anterior ("o grego conta com as respostas antes de formular as perguntas", p. 28); uma vez alçada à consciência a pergunta anterior pela ação da resposta seguinte, revela-se, de golpe — e este é o segundo momento —, a insuficiência da resposta anterior. O aspecto mais contundente que a filosofia empresta ao desmascaramento da tragédia deve-se ao fato de epopeia e tragédia ocuparem-se das mesmas questões, se bem que invertidas (como pode a vida tornar-se essencial? como pode a essência tornar-se viva?), ao passo que, na filosofia, a vida é preterida em favor de uma essência solidamente instalada no mundo transcendente. (N. do T.)

Um verdadeiro despropósito para o grego! O céu estrelado de Kant[7] brilha agora somente na noite escura do puro conhecimento e não ilumina mais os caminhos de nenhum dos peregrinos solitários — e no Novo Mundo, ser homem significa ser solitário. E a luz interna não fornece mais do que ao passo seguinte a evidência — ou a aparência — de segurança. De dentro já não irradia mais nenhuma luz sobre o mundo dos acontecimentos e sobre o seu emaranhado alheio à alma. E quem poderá saber se a adequação do ato à essência do sujeito, o único ponto de referência que restou, atinge realmente a substância, uma vez que o sujeito se tornou uma aparência, um objeto para si mesmo; uma vez que sua essencialidade mais própria e intrínseca lhe é contraposta apenas como exigência infinita num céu imaginário do dever-ser;[8] uma vez que ela tem de emergir de um abismo inescrutável que reside no próprio sujeito, uma vez que a essência é somente aquilo que se eleva desse fundo mais profundo e ninguém jamais foi capaz de pisar-lhe ou visualizar-lhe a base? A arte, a realidade visionária do mundo que nos é adequado, tornou-se assim independente: ela não é mais uma cópia, pois todos os modelos desapareceram; é uma totalidade criada, pois a unidade natural das esferas metafísicas foi rompida para sempre.

Não se deve nem se pode aventar aqui uma filosofia da história sobre a transformação na estrutura dos *loci* transcendentais. Aqui não é o lugar para discutir se o nosso avanço (como ascensão ou declínio, tanto faz) é causa da mudança ou se os deuses da Grécia foram expulsos por outros poderes. E não se esboçará, nem sequer alusivamente, todo o caminho que conduz à nossa

---

[7] Cf. I. Kant, *Kritik der praktischen Vernunft*, A 288, Akademie Textausgabe, edição citada, p. 161. (N. do T.)

[8] Cf. nota 4, p. 30. (N. do T.)

Culturas fechadas

realidade — a força sedutora, que jazia ainda no helenismo morto, cujo brilho luciferino, ofuscante, fez sempre esquecer as cisões insanáveis do mundo e sonhar novas unidades, em contradição com a nova essência do mundo e portanto em constante ruína. Assim foi que da Igreja originou-se uma nova *polis*, do vínculo paradoxal entre a alma perdida em pecados inexpiáveis e a redenção absurda mas certa originou-se um reflexo quase platônico dos céus na realidade terrena, do salto originou-se a escala das hierarquias terrestre e celestial. E em Giotto e Dante, em Wolfram de Eschenbach e Pisano, em São Tomás e São Francisco o mundo voltou a ser uma circunferência perfeita, abarcável com a vista, uma totalidade: o abismo perdeu o perigo das profundezas efetivas, mas todas as suas trevas, sem nada perder da luz sombria, tornaram-se pura superfície e assim se inseriram à vontade numa unidade integrada de cores; o apelo à redenção tornou-se dissonância no perfeito sistema rítmico do mundo e possibilitou um equilíbrio novo, embora não menos colorido e perfeito que o grego: o das intensidades inadequadas e heterogêneas. O caráter incompreensível e eternamente inacessível do mundo redimido foi assim trazido para perto, ao alcance da vista. O Juízo Final tornou-se presente e um simples elemento da harmonia das esferas tida como já consumada; sua verdadeira essência, que transforma o mundo numa ferida de Filoctetes cuja cura está reservada ao Paracleto, teve de ser esquecida. Surgiu um novo e paradoxal helenismo: a estética volta a ser metafísica.

Pela primeira, mas também pela última vez. Depois que essa unidade foi rompida, não há mais uma totalidade espontânea do ser. As fontes cujas águas dissociaram a antiga unidade estão decerto esgotadas, mas os leitos irremediavelmente secos sulcaram para sempre a face do mundo. De agora em diante, qualquer ressurreição do helenismo é uma hipóstase mais ou menos consciente da estética em pura metafísica: um violar e um desejo de aniquilar a essência de tudo que é exterior à arte, uma tentativa de esquecer que a arte é somente uma esfera entre muitas, que ela tem, como pressupostos de sua existência e conscientização, o esfacelamento e a insuficiência do mundo. Ora, esse exagero da substancialidade da arte tem também de lhe onerar e sobrecarregar as formas: elas próprias têm de produzir tudo o que até então era um dado simplesmente aceito; antes, portanto, que sua própria eficácia apriorística possa ter início, elas têm de obter por força própria suas condições — o objeto e o mundo circundante. Uma totalidade simplesmente aceita não é mais dada às formas: eis por que elas têm ou de estreitar e volatilizar aquilo que configuram, a ponto de poder sustentá-lo, ou são compelidas a demonstrar polemicamente a impossibilidade de realizar seu objeto necessário e a nulidade intrínseca do único objeto possível, introduzindo assim no mundo das formas a fragmentariedade da estrutura do mundo.

2. O problema da
filosofia histórica das formas

Essa transmutação dos pontos de orientação transcendentais submete as formas artísticas a uma dialética histórico-filosófica, que terá porém resultados diversos para cada forma, de acordo com a pátria apriorística dos gêneros específicos. Pode ocorrer que a mudança afete apenas o objeto e as condições de sua configuração, mantendo intacta a relação última da forma com a sua legitimação transcendental da existência; surgem então meras alterações formais que, embora divirjam em cada detalhe técnico, não ferem o princípio último da configuração. Mas é possível que a mudança se dê justamente no *principium stilisationis* do gênero, que tudo determina, e assim torne necessário que à

O problema da filosofia histórica das formas

mesma intenção artística — condicionada de modo histórico-
-filosófico — correspondam formas de arte diversas. Essa não é
uma alteração de mentalidade[9] criadora de gêneros; tais alterações já se haviam tornado evidentes na evolução grega, quando
por exemplo a problematização do herói e do destino trouxe à
luz o drama não trágico[10] de Eurípides. Vigora então uma perfeita correspondência entre a carência apriorística, o sofrimento
metafísico do sujeito, que impelem à criação, e o *locus* eterno e
preestabelecido da forma, em que se dá a configuração consumada. O princípio criador de gêneros que se tem em vista aqui não
exige, porém, nenhuma mudança de mentalidade; antes, força a
mesma mentalidade a orientar-se por um novo objetivo, essencialmente diverso do antigo. Significa que também o antigo paralelismo entre a estrutura transcendental no sujeito configurador e
no mundo exteriorizado das formas consumadas está rompido,
que os fundamentos últimos da configuração foram expatriados.

O romantismo alemão, embora nem sempre esclareça em
detalhes, estabeleceu uma estreita relação entre o conceito de
romance e o de romântico.[11] Com toda a razão, pois a forma do

---

[9] Em alemão, *Gesinnung*. Conforme o caso e o sentido, será traduzido também por "intenção" ou "escopo". (N. do T.)

[10] Sobre o drama não trágico, ver "Posfácio", p. 212. (N. do T.)

[11] Alguns exemplos: "A filosofia e moral do romance são *românticas*" (Novalis, *Das Allgemeine Brouillon*, nº 445, edição citada, p. 561); "Nada é mais romântico do que aquilo que se costuma chamar de mundo e destino — Vivemos
num colossal romance (no *geral* e no *particular*)" (Novalis, *Das Allgemeine Brouillon*,
nº 853, edição citada, p. 675); "Um romance é um livro romântico" (F. Schlegel,
Conversa sobre a poesia e outros fragmentos, São Paulo, Iluminuras, 1994, p. 67).
Peter Szondi defende a tese de que também o fragmento nº 116 da revista *Athenäum*
faz a costura entre ambos os conceitos: "Muito depõe a favor de que o texto mais

romance, como nenhuma outra, é uma expressão do desabrigo transcendental. A coincidência entre história e filosofia da história teve como resultado, para a Grécia, que cada espécie artística só nascesse quando se pudesse aferir no relógio de sol do espírito que sua hora havia chegado, e desaparecesse quando os arquétipos de seu ser não mais se erguessem no horizonte. Essa periodicidade filosófica perdeu-se na época pós-helênica. Aqui, os gêneros se cruzam num emaranhado inextricável, como indício da busca autêntica ou inautêntica pelo objetivo que não é mais dado de modo claro e evidente; a sua soma resulta meramente numa totalidade histórica da empiria, onde, para as formas individuais, bem se podem buscar e eventualmente encontrar condições em-

---

célebre e mais frequentado do jovem Schlegel, o fragmento 116 da *Athenäum*, é, ao mesmo tempo, o que mais se presta a mal-entendidos, pois com o conceito de *poesia romântica*, que ele define como *poesia universal* e cujo programa desenvolve, não se denota a poesia do Romantismo, mas a literatura romanesca, o gênero do romance — e, só por força de sua posição dominante, a poesia do Romantismo e da modernidade em geral" (P. Szondi, *Poetik und Geschichtsphilosophie II* [Poética e filosofia da história], Frankfurt/M., Suhrkamp, 1974, p. 144). Quanto ao decantado fragmento 116 da *Athenäum*, ver F. Schlegel, *Conversa sobre a poesia e outros fragmentos* (edição citada, pp. 99 ss.) e F. Schlegel, *O dialeto dos fragmentos* (São Paulo, Iluminuras, 1997, pp. 64 ss.). Walter Benjamin, em sua tese de 1919, é outro que não deixa de chamar atenção para o fato: "O romance é a mais alta entre todas as formas simbólicas, a poesia romântica, a Ideia mesma da poesia. A ambiguidade contida na designação 'romântico', Schlegel certamente aceitou de bom grado, ou até a procurou. Notoriamente, 'romântico' significa no uso linguístico de então 'cavaleiresco', 'medieval', e por trás deste significado Schlegel, como ele gostava, escondeu sua verdadeira intenção, que deve ser lida a partir da etimologia da palavra. Deve-se então entender, como Haym, a expressão 'romântico', em seu significado essencial, propriamente como 'romanesco'" (W. Benjamin, *O conceito de crítica de arte no romantismo alemão*, São Paulo, Iluminuras, 1993, pp. 104 ss.). (N. do T.)

O problema da filosofia histórica das formas

píricas (sociológicas) de sua possibilidade de surgimento, mas onde o sentido histórico-filosófico da periodicidade nunca mais se concentrará nos gêneros erigidos em símbolo, sendo impossível decifrar e interpretar nas totalidades das eras históricas mais do que nelas próprias se encontra. Mas enquanto a imanência do sentido à vida naufraga irremediavelmente ao menor abalo das correlações transcendentais, a essência afastada da vida e estranha à vida é capaz de coroar-se com a própria existência, de maneira tal que essa consagração, por maiores que sejam as comoções, pode perder o brilho, mas jamais ser totalmente dissipada. Eis por que a tragédia, embora transformada, transpôs-se incólume em sua essência até nossos dias, ao passo que a epopeia teve de desaparecer e dar lugar a uma forma absolutamente nova, o romance.

Sem dúvida, a completa transformação do conceito de vida e a sua relação com a essência também modificaram a tragédia. Uma coisa é a imanência do sentido à vida desaparecer com uma claridade catastrófica e abandonar à essência um mundo puro e por nada perturbado; outra é quando essa imanência é banida do cosmos como que pela ação gradual de um sortilégio; quando a nostalgia por sua reaparição permanece insatisfeita e viva, e nunca uma indubitável desesperança; quando se tem de supor o que foi perdido em cada fenômeno, por mais confuso e inapreensível que ele seja no momento, à espera da palavra redentora; quando a essência é incapaz, por isso, de erguer um palco trágico com os troncos abatidos na floresta da vida, mas tem ou de despertar para uma breve existência de chama no fogo em que ardem todos os restos mortos de uma vida em ruínas, ou, em áspera recusa a todo esse caos, voltar as costas e refugiar-se na esfera abstrata da mais pura essencialidade. É a relação da essência com a vida em si extradramática que torna necessária a dualidade estilística da tragédia moderna, cujos polos são definidos por Shakespeare e Alfieri. A tragédia grega situava-se para além do dilema entre proximidade da vida e abstração, porque para ela a plenitude não era questão de aproximação à vida, a transparência do diálogo não era a superação[12] de seu caráter imediato. Sejam quais forem as contingências ou necessidades históricas do surgimento do coro, o seu sentido artístico é conduzir a essência, situada além de toda a vida, à vivacidade e à plenitude. Eis por que ele pôde fornecer um pano de fundo que, a exemplo da atmosfera marmórea entre as figuras em baixo-relevo, cumpre a função do acabamento e que, não obstante, é cheio de mobilidade e pode ajustar-se a todas as oscilações aparentes de uma ação que não nasceu de um esquema abstrato, pode assimilá-las em si e, enriquecendo-as a partir de si próprio, devolvê-las ao drama. Ele pode fazer ressoar em palavras grandiosas o sentido lírico de todo o drama, pode reunir dentro de si, sem se desintegrar, tanto as vozes inferiores da razão da criatura, carentes de refutação trágica, quanto as da elevada suprarracionalidade do destino. Na tragédia grega, orador e coro brotaram do mesmo fundamento essencial, são perfeitamente homogêneos entre si e podem por isso, sem fender a construção, desempenhar funções totalmente diversas; no coro, pode-se cristalizar toda a lírica da situação e do destino, deixando aos atores as palavras que tudo exprimem e os gestos que tudo abarcam da dialética trágica posta a nu — e, no entanto, ambos jamais estarão separados entre si senão por suaves transições. Para nenhum deles existe o perigo, nem sequer como remota possibilidade, de uma proximidade da vida capaz de romper a forma dramática: eis por que ambos podem expandir-se a uma plenitude não esquemática, embora traçada *a priori*.

---

[12] Em alemão, *Aufhebung*. Quando se trata do verbo *aufheben*, optou-se alternativamente por "superar" ou "suprimir". (N. do T.)

O problema da filosofia histórica das formas

No drama moderno a vida não desaparece organicamente; ela pode, no máximo, ser banida de cena. Mas o banimento, levado a cabo pelos classicistas, implica o reconhecimento não apenas da existência, mas também do poder daquilo que foi banido: este se acha presente em cada palavra e em cada gesto, que se superam numa tensão angustiante para dele manter uma distância imaculada; é ele que conduz, irônica e invisivelmente, o rigor árido e calculado da estrutura produzida pelo apriorismo abstrato, que o restringe ou o confunde, que o torna óbvio ou abstruso. A outra tragédia consome a vida. Ela põe em cena seus heróis como homens vivos, em meio a uma massa circundante presa simplesmente à vida, de modo a fazer com que, do tumulto de uma ação onerada pelo peso da vida, resplandeça pouco a pouco o claro destino; de modo a fazer com que, por meio de sua flama, tudo o que é meramente humano reduza-se a cinzas, para que então a vida nula dos simples homens dissipe-se na nulidade, mas as afeições dos heroicos sejam calcinadas em paixões trágicas, e estas os retemperem em heróis sem escórias. Com isso, o heroísmo tornou-se polêmico e problemático; ser herói não é mais a forma natural de existência da esfera essencial; antes, é o elevar-se acima do que é simplesmente humano, seja da massa que o circunda ou dos próprios instintos. O problema hierárquico entre vida e essência, que para o drama grego era um *a priori* formativo e por isso jamais chegou a ser objeto de representação, é inserido assim no próprio processo trágico; ele cinde o drama em duas metades absolutamente heterogêneas, unidas apenas pela negação e exclusão recíprocas, ou seja, de um modo polêmico e — minando as próprias bases desse drama — intelectualista.[13]

---

[13] Cf. "Posfácio", p. 208. O drama, por definição, "é aquela obra escrita que, por meio de uma ocorrência inter-humana, tenciona causar um efeito forte e ime-

A teoria do romance

E a amplitude do fundamento assim impingido e a extensão do caminho que o herói tem de percorrer dentro de sua própria alma, antes de se descobrir como herói, colidem com a esbelteza requerida pela forma da estrutura dramática e a aproximam das formas épicas, do mesmo modo que o acento polêmico do heroísmo (também na tragédia abstrata) tem como resultado necessário uma exorbitância de lírica puramente lírica.

Mas essa lírica possui também uma outra fonte, cuja origem é igualmente a relação deslocada entre vida e essência. Para os gregos, a decadência da vida como depositária do sentido apenas transferiu a proximidade e o parentesco mútuo das pessoas para uma outra atmosfera, mas não os destruiu: cada personagem que aparece está à mesma distância da essência, do suporte universal, e portanto, em suas raízes mais profundas, todos são aparentados uns aos outros; todos compreendem-se mutuamente, pois todos falam a mesma língua, todos guardam uma confiança mútua, ainda que como inimigos mortais, pois todos convergem do mesmo modo ao mesmo centro e se movem no mesmo plano de uma existência que é essencialmente a mesma. Se a essência, no entanto, como no drama moderno, só é capaz de revelar-se e afirmar-se após uma disputa hierárquica com a vida, se todo personagem carrega em si este conflito como pressupos-

---

diato sobre uma massa reunida. [...] A capacidade de apreensão e a disposição da massa exigem, tanto no que respeita à forma quanto ao conteúdo, o que é universal pelos sentidos, ou melhor, excluem a simples universalidade intelectual". G. Lukács, *Entwicklungsgeschichte des modernen Dramas* [História do desenvolvimento do drama moderno], Darmstadt e Neuwied, Hermann Luchterhand, 1981, pp. 17 ss. Sobre essa obra, citada de ora em diante como *EmD*, ver "Posfácio", p. 170. Como um dos erros crassos do drama moderno, o intelectualismo "confere aos acontecimentos típicos uma forma pela qual estes dificilmente são assimilados pela massa" (*EmD*, p. 63). (N. do T.)

O problema da filosofia histórica das formas

to de sua existência ou como elemento motriz de seu ser, então cada uma das *dramatis personae* terá de se unir somente por seu próprio fio ao destino por ela engendrado; cada uma terá de nascer da solidão e, na solidão insuperável, em meio a outros solitários, precipitar-se ao derradeiro e trágico isolamento; cada palavra trágica terá de dissipar-se incompreendida, e nenhum feito trágico poderá encontrar uma ressonância que o acolha adequadamente. Mas a solidão é algo paradoxalmente dramático: ela é a verdadeira essência do trágico, pois a alma que se fez a si mesma destino pode ter irmãos nas estrelas, mas jamais parceiros. A forma de expressão dramática, porém — o diálogo —, pressupõe um alto grau de comunhão desses solitários para manter-se polifônica, verdadeiramente dialógica e dramática. A linguagem do homem absolutamente solitário é lírica, é monológica; no diálogo, o incógnito de sua alma vem à luz com demasiada força e inunda e oprime a univocidade e a acuidade do discurso. E essa solidão é mais profunda do que a requerida pela forma trágica, pela relação com o destino (na qual, aliás, viveram também os heróis gregos): ela própria terá de tornar-se problemática e, aprofundando e complicando o problema trágico, tomar-lhe o lugar. Essa solidão não é simplesmente a embriaguez da alma aprisionada pelo destino e convertida em canto, mas também o tormento da criatura condenada ao isolamento e que anseia pela comunidade. Essa solidão enseja novos problemas trágicos, o verdadeiro problema da tragédia moderna: a confiança. A alma do novo herói, envolta em vida mas plena de essência, jamais poderá compreender que sob o mesmo manto da vida não reside, forçosamente, a mesma essencialidade; ela sabe de uma igualdade de todos aqueles que se encontraram e é incapaz de compreender que esse saber não procede deste mundo, que a certeza íntima desse saber não pode oferecer nenhum penhor de que ele seja constitutivo dessa vida; ela sabe da ideia de seu eu que, movendo-a, nela vive, e por isso tem de crer que a multidão humana da vida a seu redor é somente uma tumultuada festa carnavalesca na qual, à primeira palavra da essência, as máscaras têm de cair e irmãos desconhecidos, abraçar-se mutuamente. Ela sabe disso, anseia por isso e encontra a si mesma, sozinha, no destino. E no seu êxtase de ter-se encontrado mistura-se, numa chave elegíaca e acusatória, a tristeza do caminho que conduziu até ali: a decepção com a vida, que nem sequer foi uma caricatura daquilo que sua sabedoria do destino proclamou com tão nítida clarividência, e cuja crença lhe deu a força para avançar solitária nas trevas. Tal solidão não é apenas dramática, mas também psicológica, pois não é somente o apriorismo de todas as *dramatis personae*, mas ao mesmo tempo a vivência do homem que se torna herói; e se a psicologia no drama não deve permanecer como matéria-prima não elaborada, o seu único meio de expressão é a lírica da alma.

A grande épica dá forma à totalidade extensiva da vida, o drama à totalidade intensiva da essencialidade. Eis por que, quando a existência perdeu sua totalidade espontaneamente integrada e presente aos sentidos, o drama pôde não obstante encontrar em seu apriorismo formal um mundo talvez problemático, mas ainda assim capaz de tudo conter e fechado em si mesmo. Para a grande épica isso é impossível. Para ela o dado presente do mundo é um princípio último; ela é empírica em seu fundamento transcendental decisivo e que tudo determina; ela pode às vezes acelerar a vida, pode conduzir algo oculto ou estiolado a um fim utópico que lhe é imanente, mas jamais poderá, a partir da forma, superar a amplitude e a profundidade, a perfeição e a sensibilidade, a riqueza e a ordem da vida historicamente dada. Toda a tentativa de uma épica verdadeiramente utópica está fadada ao fracasso, pois terá, subjetiva ou objetivamente, de ir além da empiria, e portanto de transcender-se no lírico ou no dramático. E essa transcendência jamais será frutífera para a épica. Houve tempos, talvez — esparsos contos de fada preservam fragmentos desses mundos desaparecidos —, nos quais aquilo que agora só se pode alcançar utopicamente encontrava-se presente em visibilidade visionária; e os poetas épicos desses tempos não tinham de abandonar a empiria para representar a realidade transcendente como a única existente: podiam, de fato, ser simples narradores de acontecimentos, do mesmo modo que os criadores dos antigos seres alados assírios tinham-se — e com razão — por naturalistas. Já em Homero, porém, o transcendente está indissoluvelmente mesclado à existência terrena, e seu caráter inimitável repousa justamente no absoluto êxito em torná-lo imanente.

Esse vínculo indissolúvel com a existência e o modo de ser da realidade, o limite decisivo entre épica e drama, é um resultado necessário do objeto da épica: a vida. Enquanto o conceito de essência, pelo simples ato de ser posto, conduz à transcendência, mas ali se cristaliza num ser novo e superior — exprimindo assim, por sua forma, um ser do dever-ser[14] que, em sua realidade oriunda da forma, permanece independente dos dados de conteúdo da simples existência —, o conceito de vida exclui uma tal objetividade da transcendência captada e condensada. Os mundos da essência, por força das formas, estão tensionados acima da existência, e sua espécie e conteúdo são condicionados somente pelas potencialidades intrínsecas dessa força. Os mundos da vida aqui permanecem, e são apenas acolhidos e configurados pelas formas, apenas conduzidos a seu sentido inato. E as formas, às quais cumpre aqui desempenhar apenas o papel de Sócrates no nascimento das ideias, jamais poderão por si mesmas, num passe de mágica, dar vida a algo que nelas já não se encontre. O caráter criado pelo drama — este é somente outro termo para a

---

[14] Em alemão, *ein sollendes Sein*. (N. do T.)

mesma relação — é o eu inteligível do homem; o criado pela épica, o eu empírico. O dever-ser, em cuja desesperada intensidade busca refúgio a essência proscrita da Terra, pode objetivar-se no eu inteligível como psicologia normativa do herói; no eu empírico, ele permanece um dever-ser. A sua força é meramente psicológica, análoga a outros elementos da alma; o seu fim é empírico, análogo a outras aspirações possíveis dadas pelo homem ou pelo seu ambiente; os seus conteúdos são históricos, análogos aos demais conteúdos produzidos no curso do tempo, e não se pode arrancá-los do solo em que cresceram: eles podem murchar, mas jamais despertar para a nova existência etérea. O dever-ser mata a vida, e o herói dramático cinge-se dos atributos simbólicos da aparência sensível da vida somente para poder evidenciar de maneira patente a cerimônia simbólica da morte como revelação da transcendência existente; mas os homens da épica têm de viver, sob pena de despedaçarem ou estiolarem o elemento que os sustenta, circunda e preenche. (O dever-ser mata a vida, e todo o conceito exprime um dever-ser do objeto: por isso o pensamento jamais pode chegar a uma definição real da vida, e talvez por isso a filosofia da arte seja tão mais adequada à tragédia do que à épica.) O dever-ser mata a vida, e um herói da epopeia construído a partir de um ser do dever-ser não será mais que uma sombra do homem vivo da realidade histórica — a sua sombra, mas nunca o seu arquétipo, e o mundo que lhe é dado como experiência e aventura não será mais que um diluído molde do real, e jamais seu núcleo ou sua essência. A estilização utópica da épica só pode criar distâncias, mas também essas distâncias são entre empiria e empiria, e o recuo, com sua tristeza e sua altivez, somente transforma o tom em retórica e dá sustento aos mais belos frutos de uma lírica elegíaca, mas jamais será possível, com o mero distanciamento, despertar para a vida viva um conteúdo que ultrapasse a existência e torná-lo uma realidade autônoma.

O problema da filosofia histórica das formas

Quer essa distância aponte para o futuro ou o passado, quer indique uma ascensão ou um declínio em relação à vida, ela jamais é a criação de uma nova realidade, mas sempre um simples reflexo subjetivo do já existente. Os heróis de Virgílio vivem uma fria e comedida existência de sombra, alimentados pelo sangue de um belo fervor que se sacrificou para evocar o que se perdeu para sempre, e a monumentalidade de Zola restringe-se ao monótono arrebatamento diante das múltiplas mas sinópticas ramificações de um sistema sociológico de categorias que se arroga apreender integralmente a vida de seu presente.

Há uma *grande* épica; o drama, no entanto, jamais carece desse atributo, e tem constantemente de precaver-se contra ele. Pois o cosmos do drama, transbordante de sua substância e perfeito em substancialidade, ignora qualquer contraste entre todo e parte, qualquer contraposição entre caso e sintoma: para o drama, existir significa ser cosmos, a apreensão da essência, a posse de sua totalidade. O conceito de vida, contudo, não implica necessariamente sua totalidade; a vida contém tanto a independência relativa de cada ser vivo autônomo em relação a todo vínculo que aponta para mais além, quanto a inevitabilidade e a imprescindibilidade igualmente relativas de tais vínculos. Eis por que pode haver formas épicas cujo objeto não seja a totalidade da vida, porém um recorte, um fragmento de existência capaz de vida própria. Eis por que, no entanto, o conceito de totalidade para a épica não nasce das formas generativas, não é transcendental como no drama, mas empírico-metafísico, e une indissoluvelmente em si transcendência e imanência. Isso porque na épica sujeito e objeto não coincidem como no drama, no qual a subjetividade configuradora — sob a perspectiva da obra — é apenas um conceito-limite, uma espécie de consciência em geral, mas estão presentes e separados clara e nitidamente entre si na própria obra; e como da empiricidade do objeto desejada pela forma resulta um sujeito configurador empírico, este jamais pode ser o fundamento e o aval da totalidade do mundo em destaque. A totalidade pode manifestar-se com genuína evidência somente a partir dos conteúdos do objeto: ela é metassubjetiva, transcendente, uma revelação e uma graça. O sujeito da épica é sempre o homem empírico da vida, mas sua presunção criadora e subjugadora da vida transforma-se, na grande épica, em humildade, em contemplação, em admiração muda perante o sentido de clara fulgência que se tornou visível a ele, homem comum da existência cotidiana, de modo tão inesperadamente óbvio.

O sujeito das formas épicas menores enfrenta seu objeto de maneira mais soberana e autossuficiente. Ainda que o narrador — não se pode nem se deve dar aqui, nem sequer alusivamente, um sistema das formas épicas — observe com o gesto frio e altivo do cronista as curiosas manobras do acaso, que revira os destinos dos homens de modo absurdo e destruidor para eles, revelador de abismos e prazeroso para nós; ainda que ele, comovido, eleve à única realidade um ínfimo recanto do mundo, como se fora um jardim ordenadamente florescente, circundado pelos desertos caóticos e ilimitados da vida; ainda que ele, cativo e arrebatado, cristalize a estranha e profunda experiência viva de um homem num destino rigidamente objetivado e formado, sempre é a sua subjetividade que arranca um pedaço da imensa infinidade dos sucessos do mundo, empresta-lhe uma vida autônoma e permite que o todo do qual ele foi retirado fulgure no universo da obra apenas como sensação e pensamento dos personagens, apenas como o desfiar involuntário de séries causais interrompidas, apenas como espelhamento de uma realidade que existe por si mesma. A completude dessas formas épicas, portanto, é subjetiva: um fragmento de vida é transposto pelo escritor num contexto que o põe em relevo, o salienta e o destaca da totalidade da vida; e a seleção e a delimitação trazem estampado, na própria

O problema da filosofia histórica das formas

obra, o selo de sua origem na vontade e no conhecimento do sujeito: elas são, em maior ou menor medida, de natureza lírica. A relatividade da independência e da vinculação dos seres vivos, bem como de suas associações — de orientação interna orgânica — igualmente vivas, pode ser superada e alçada à forma se uma postulação consciente do sujeito criador da obra puser em evidência um sentido de brilho imanente na existência isolada justamente desse fragmento de vida. O ato pelo qual o sujeito confere forma, configuração e limite, essa soberania na criação dominante do objeto, é a lírica das formas épicas sem totalidade. Essa lírica é aqui a unidade épica última; não é ela a volúpia de um eu solitário na contemplação de si mesmo livre de objetos, não é a dissolução do objeto em sensações e estados de ânimo, mas antes, nascida da norma e criadora de formas, ela sustenta a existência de tudo quanto foi configurado. Ora, com a relevância e a gravidade do recorte da vida, o ímpeto torrencial imediato dessa lírica terá de crescer; o equilíbrio da obra é aquele entre o sujeito que postula e o objeto por ele destacado e salientado. Na novela, na forma da singularidade e questionabilidade isoladas da vida, essa lírica tem ainda de esconder-se inteiramente por trás das linhas rígidas do acontecimento isoladamente burilado; aqui a lírica ainda é pura seleção: o arbítrio gritante do acaso benfazejo e aniquilador, mas que se abate sempre sem motivo, só pode ser contrabalançado por uma apreensão clara, sem comentários, puramente objetiva. A novela é a forma mais puramente artística: o sentido último de todo formar artístico é por ela expresso como estado de ânimo, como sentido do conteúdo da configuração, se bem que, por esse mesmo motivo, o faça abstratamente. Na medida em que a falta de sentido é vislumbrada em sua nudez desvelada e sem disfarces, o poder conjurador desse olhar intrépido e desconsolado confere-lhe o sacramento da forma; a falta de sentido, como falta de sentido, torna-se forma: afirmada, superada e redimida pela forma, ela passa a ser eterna. Entre a novela e as formas lírico-épicas há um salto. Tão logo o que se eleva a sentido pela forma seja significativo também em seu conteúdo, ainda que apenas relativamente, o sujeito emudecido terá de bater-se por palavras próprias que, a partir do sentido relativo do acontecimento configurado, construam uma ponte rumo ao absoluto. No idílio, essa lírica ainda se funde quase totalmente com os contornos dos homens e das coisas; é ela própria que empresta a esses contornos a brandura e a vaporosidade da pacífica reclusão, o venturoso isolamento diante de tempestades que desabam no mundo exterior. Apenas quando o idílio transcende-se em epopeia, como nos "grandes idílios" de Goethe e Hebbel, nos quais a totalidade da vida, com todos os seus perigos, ainda que abafados e atenuados por vastas distâncias, penetra nos próprios acontecimentos, é que a voz do próprio escritor tem de soar, que sua mão tem de criar distâncias salutares, para que nem a felicidade triunfante de seus heróis torne-se a complacência indigna dos que covardemente voltam as costas ante a excessiva iminência de uma calamidade não superada, mas simplesmente removida para eles, nem os perigos e o abalo da totalidade da vida que lhes dá causa tornem-se pálidas quimeras, rebaixando o júbilo da salvação a uma farsa banal.[15] E essa lírica aflora num enunciado universal claro e amplamente fluente quando o acontecimento, em sua materialidade epicamente objetivada, torna-se o porta-

---

[15] "[...] o sentimento vital da maioria dos autores idílicos é muito fraco para suportar o espetáculo de um perigo real; seus belos universos da ventura serena são uma fuga dos perigos da vida, e não uma aparição mágica dessa serenidade em meio a sua brutal dureza." G. Lukács, *Die Seele und die Formen: Essays* [A alma e as formas], Neuwied e Berlim, Hermann Luchterhand, 1971, p. 148. Sobre essa obra, de ora em diante citada como *SuF*, ver "Posfácio", p. 165. (N. do T.)

O problema da filosofia histórica das formas

dor e o símbolo de um sentimento infinito; quando uma alma é o herói e a sua aspiração, o enredo — certa vez, ao falar de Ch.- -L. Philippe, chamei essa forma *chantefable*[16] —; quando o objeto, o evento configurado, permanece e deve permanecer algo isolado, mas quando na experiência que assimila e irradia o acontecimento está depositado o significado último de toda a vida, o poder do artista de conferir-lhe sentido e subjugá-la. Mas também esse poder é lírico: é a personalidade do artista, ciosa de sua soberania, que faz ressoar a própria interpretação do sentido do mundo — manejando os acontecimentos como instrumentos —, sem espreitar-lhes o sentido como guardiães da palavra secreta; não é a totalidade da vida que recebe forma, mas a relação com essa totalidade da vida, a atitude aprobatória ou reprovadora do artista, que sobe ao palco da configuração como sujeito empírico, em toda a sua grandeza, mas também em toda a sua limitação de criatura.

E nem sequer a aniquilação do objeto pelo sujeito, convertido em senhor absoluto do ser, é capaz de extrair de si a totali-

---

[16] Cf. *SuF*, p. 151. O trecho é bastante próximo à *Teoria do romance*: "Sempre houve composições literárias às quais faltava a vontade de criar uma imagem do mundo própria à grande épica, cuja ação, por vezes, dificilmente era a de uma novela, mas que saíam dos quadros do caso isolado da novela e, a partir do sentimento de uma alma, obtinham uma outra força, que tudo abarcava. Nelas, o herói era somente uma alma, e a ação, somente a sua aspiração, sendo que ambas, alma e aspiração, tornavam-se herói e ação. Tais composições são chamadas, na maioria das vezes, romances líricos — prefiro a designação da Idade Média: *chantefable* —, mas correspondem plenamente ao verdadeiro, ao mais amplo e mais profundo conceito de idílio — com um óbvio pendor para a elegia". Os exemplos de *chantefable* citados de passagem são: *Amor e Psique, Aucassin e Nicolette, Vita nuova, Manon Lescaut, Werther*, o *Hyperion* e a *Isabella* de Keats — além, é claro, das obras de Charles-Louis Philippe (1874-1909). (N. do T.)

A teoria do romance

dade da vida, que, segundo a definição, é extensiva; por mais que se eleve acima de seus objetos, são sempre meros objetos isolados que o sujeito adquire dessa maneira como posse soberana, e tal soma jamais resultará numa verdadeira totalidade. Pois também esse sujeito sublime-humorístico permanece empírico, e sua atividade configuradora permanece uma tomada de posição diante de seus objetos, cuja essência, no entanto, é análoga à sua; e o círculo que ele traça ao redor daquilo que seleciona e circunscreve como mundo indica somente o limite do sujeito, e não o de um cosmos de algum modo completo em si próprio. A alma do humorista é ávida de uma substancialidade mais genuína do que a vida lhe poderia oferecer; por isso ele despedaça todas as formas e os limites da quebradiça totalidade da vida, a fim de atingir a única fonte verdadeira da vida, o eu puro e dominador do mundo. Mas com o colapso do mundo objetivo, também o sujeito torna-se um fragmento; somente o eu permanece existente, embora também sua existência dilua-se na insubstancialidade do mundo em ruínas criado por ele próprio. Essa subjetividade a tudo quer dar forma, e justamente por isso consegue espelhar apenas um recorte.

Esse é o paradoxo da subjetividade da grande épica, o seu "quem perde ganha": toda subjetividade criadora torna-se lírica, e apenas a meramente assimilativa, que com humildade transforma-se em puro órgão receptivo do mundo, pode ter parte na graça — na revelação do todo. Esse é o salto da *Vita nuova* para a *Divina comédia*, do *Werther* para o *Wilhelm Meister*; esse é o salto executado por Cervantes, que, calando a si próprio, deixa soar o humor universal do *Dom Quixote*, ao passo que as vozes magnificamente sonoras de Sterne e Jean Paul oferecem meros reflexos subjetivos de um fragmento de mundo meramente subjetivo, e portanto limitado, estreito e arbitrário. Isso não é um juízo de valor, mas um *a priori* determinante dos gêneros: o todo da vida

O problema da filosofia histórica das formas

não permite nela indicar um centro transcendental e não tolera que uma de suas células arvore-se em sua dominadora. Somente quando um sujeito, afastado de toda vida e de sua empiria necessariamente implicada, entroniza-se nas alturas puras da essencialidade, quando não é mais que um depositário da síntese transcendental, pode ele abrigar em sua estrutura todas as condições da totalidade e transformar seus limites em limites do mundo. Mas na épica não pode haver um tal sujeito: épica é vida, imanência, empiria, e o *Paraíso* de Dante guarda uma afinidade mais essencial com a vida que a opulência exuberante de Shakespeare.

O poder sintético da esfera da essência condensa-se na totalidade construtiva do problema dramático: aquilo que é definido como necessário pelo problema, seja alma ou acontecimento, ganha existência por suas relações com o centro; a dialética imanente dessa unidade empresta a cada fenômeno isolado a existência que lhe cabe, de acordo com a distância em relação ao centro e com seu peso relativamente ao problema. O problema aqui é inexprimível porque é a ideia concreta do todo, porque apenas a consonância de todas as vozes é capaz de realçar a riqueza de conteúdo nele oculta. Para a vida, contudo, o problema é uma abstração; a relação entre um personagem e um problema nunca é capaz de assimilar em si toda a plenitude de sua vida, e todo acontecimento da esfera vital tem de proceder alegoricamente no tocante ao problema. A arte elevada de Goethe nas *Afinidades eletivas*, com razão chamada por Hebbel de "dramática",[17] é perfeitamente capaz de tudo matizar e ponderar em

---

[17] Ver F. Hebbel, "Prefácio" a *Maria Magdalene, in Sämtliche Werke. Historisch-kritische Ausgabe* (*Säkular-Ausgabe*), vol. II, Leipzig, 1904, 2ª seção, pp. 41 ss. (N. do T.)

função do problema central, mas mesmo as almas, guiadas de antemão para os estreitos canais do problema, não podem gozar aqui de uma verdadeira existência; mesmo a ação, reduzida às dimensões do problema, não se integra numa totalidade; a fim de preencher o casulo graciosamente delgado desse pequeno mundo, o escritor se vê forçado a inserir elementos estranhos, e ainda que isso sempre fosse tão bem-sucedido quanto em momentos esparsos de extremo tato no arranjo, disso jamais resultaria uma totalidade. E a concentração "dramática" do *Canto dos nibelungos*[18] é um belo erro de Hebbel, um erro *pro domo*: o desesperado esforço de um grande escritor para salvar a unidade épica de um assunto verdadeiramente épico — unidade esta que se desintegra num mundo modificado. A figura sobre-humana de Brunhild já se reduz a uma mistura de mulher e valquíria, rebaixando seu fraco pretendente Gunther a uma insustentável questionabilidade, e de Siegfried, o matador de dragões, subsistem na sua figura cavaleiresca somente alguns temas do conto de fadas. Aqui sem dúvida a salvação é o problema da fidelidade e da vingança, de Hagen e Kriemhild. Mas trata-se de uma tentativa desesperada, puramente artística, de produzir pelos meios da composição, com organização e estrutura, uma unidade que não é mais dada de maneira espontânea. Uma tentativa desesperada e um fracasso heroico. Pois uma unidade pode perfeitamente vir à tona, mas nunca uma verdadeira totalidade. Na ação da *Ilíada* — sem começo e sem fim — floresce um cosmos fechado numa vida que tudo abarca; a unidade claramente composta do *Canto dos nibelungos* oculta vida e decomposição, castelos e ruínas por trás de sua fachada engenhosamente articulada.

---

[18] *Os nibelungos: um drama alemão em três partes* (1862). (N. do T.).

3. Epopeia e romance

Epopeia e romance, ambas as objetivações da grande épica, não diferem pelas intenções configuradoras, mas pelos dados histórico-filosóficos com que se deparam para a configuração. O romance é a epopeia de uma era para a qual a totalidade extensiva da vida não é mais dada de modo evidente, para a qual a imanência do sentido à vida tornou-se problemática, mas que ainda assim tem por intenção a totalidade.[19] Seria superficial e algo meramente artístico buscar as características únicas e decisivas da definição dos gêneros no verso e na prosa. Tanto para a épica quanto para a tragédia o verso não é um constituinte último, mas antes um sintoma profundo, um divisor de águas que lhes traz à luz a verdadeira essência da maneira mais autêntica e apropriada. O verso trágico é duro e cortante, isola e cria distâncias. Ele reveste os heróis com toda a profundidade de sua solidão oriunda da forma, não permite surgir entre eles outras relações que não as de luta e aniquilação; em sua lírica podem ressoar o desespero e a embriaguez do caminho e do fim, pode brilhar o caráter incomensurável do abismo sobre o qual oscila essa essencialidade, mas jamais irromperá — como por vezes a prosa o permite — um trato puramente humano e psicológico entre os personagens, jamais o desespero se tornará elegia e a embriaguez, aspiração por

---

[19] Embora célebre, a frase em que Hegel concebe o romance como epopeia burguesa (cf. G. W. F. Hegel, *Vorlesungen über die Aesthetik* [Preleções sobre a estética], vol. III, Jubiläumsausgabe, Stuttgart, 1964, p. 395) tem seus antecedentes. Pelo menos desde Blankenburg, o romance é tomado como o herdeiro da antiga epopeia: "Considero o romance, o bom romance, como aquilo que, nos tempos helênicos, a epopeia era para os gregos". F. Blankenburg, *Versuch über den Roman* [Ensaio sobre o romance], Faksimiledruck der Originalausgabe von 1774, Stuttgart, J. B. Metzler, 1965, p. XIII. (N. do T.)

suas próprias alturas, jamais a alma poderá tentar sondar o seu abismo com vaidade psicológica e admirar-se com complacência no espelho da própria profundidade. O verso dramático — assim aproximadamente escreveu Schiller a Goethe[20] — desmascara toda a trivialidade da invenção trágica; ele possui uma acuidade e um peso específicos, ante os quais nada do que se prende meramente à vida — somente uma outra expressão para o dramaticamente trivial — pode sobreviver: a intenção trivial terá de chocar-se no contraste de pesos entre linguagem e conteúdo. Também o verso épico cria distâncias, mas distâncias na esfera da vida significam uma felicidade e uma leveza, um afrouxamento dos laços que ligam indignamente homens e coisas, uma superação daquela apatia e opressão que impregnam a vida tomada por si mesma, que são dissipadas somente em alguns instantes felizes — e estes, justamente, devem converter-se em plano da vida pelo distanciamento do verso épico. Aqui, portanto, o efeito do verso é o oposto, precisamente porque suas consequências imediatas são as mesmas: supressão da trivialidade e aproximação à própria essência. Pois o trivial, para a esfera da vida, para a épica, é o peso, assim como era a leveza para a tragédia. A garantia objetiva de que o completo afastamento de tudo quanto se prende à vida não é uma abstração vazia em relação à vida, mas uma presentificação da essência, pode residir apenas na densidade de que são dotadas essas configurações afastadas da vida; apenas quando o seu ser, para além de toda comparação com a vida, torna-se mais pleno, mais integrado e mais grave do que possa

---

[20] Ver, por exemplo, a carta de 24/11/1797: "Pelo menos a princípio dever-se-ia realmente conceber em versos tudo o que tem de erguer-se acima do comum, pois o trivial em parte alguma assim vem à luz, a não ser quando expresso em estilo concatenado". Goethe/Schiller, *Briefwechsel*, Frankfurt/M., Fischer, 1961, p. 257. (N. do T.)

Epopeia e romance

desejá-lo qualquer aspiração à plenitude, surge em evidência tangível que a estilização trágica está consumada; e toda leveza ou palor, que sem dúvida nada têm a ver com o conceito vulgar de falta de vivacidade, revela que a intenção normativamente trágica não estava presente — revela, apesar de todo o requinte psicológico e apuro lírico dos detalhes, a trivialidade da obra.

Mas para a vida o peso significa a ausência do sentido presente, o enleio inextricável em séries causais vazias de sentido, o estiolamento na infrutífera proximidade da terra e distância do céu, a forçosa perseverança e a incapacidade de livrar-se dos grilhões da mera materialidade brutal — tudo o que, para as melhores forças imanentes da vida, é o alvo constante de superação; ou, expresso no conceito axiológico da forma: a trivialidade. A feliz totalidade existente da vida está subordinada ao verso épico segundo uma harmonia preestabelecida: o próprio processo pré-literário de uma abrangência mitológica de toda a vida purificou a existência de qualquer fardo trivial, e nos versos de Homero, os botões dessa primavera já prestes a florescer não fazem mais que desabrochar. O verso, porém, só pode dar um ligeiro impulso a essa floração e cingir com a guirlanda da liberdade somente o que se desprendeu de todas as peias. Se a atividade do escritor é uma exumação do sentido soterrado, se seus heróis têm primeiro de romper seu cárcere e conquistar a almejada pátria de seus sonhos, livre do fardo terrestre, à custa de duros combates ou em penosas peregrinações, então o poder do verso não basta para transformar essa distância — cobrindo o abismo com um tapete de flores — em caminho transitável. Pois a leveza da grande épica é apenas a utopia concretamente imanente da hora histórica, e o êxtase formador que o verso empresta a tudo quanto carrega terá então de roubar à épica sua totalidade e sua grande ausência de sujeito, transformando-a num idílio ou num jogo lírico. Isso porque a leveza da grande épica só é um valor e uma força criadora de realidade por meio de um efetivo rompimento dos grilhões que a prendem ao solo. O esquecimento da escravidão nos belos jogos de uma fantasia alforriada ou na serena fuga rumo a ilhas afortunadas, não localizáveis no mapa-múndi dos vínculos triviais, jamais poderá levar à grande épica. Nos tempos em que essa leveza não é mais dada, o verso é banido da grande épica ou transforma-se, inopinada e inadvertidamente, em verso lírico. Somente a prosa pode então abraçar com igual vigor as lamúrias e os lauréis, o combate e a coroação, o caminho e a consagração; somente sua desenvolta ductibilidade e sua coesão livre de ritmo captam com igual força os liames e a liberdade, o peso dado e a leveza conquistada ao mundo, que passa então a irradiar com imanência o sentido descoberto. Não é por acaso que o esfacelamento da realidade convertida em canto na prosa de Cervantes resultou na leveza contrita da grande épica, enquanto a dança jovial do verso de Ariosto permaneceu um jogo, uma lírica; não é por acaso que o poeta épico Goethe moldou em versos seus idílios e elegeu a prosa para a totalidade do ciclo romanesco do *Meister*. No mundo da distância, todo o verso épico torna-se lírica — os versos de *Dom Juan* e *Oniéguin* pertencem à companhia dos grandes humoristas —, pois, no verso, tudo o que está oculto torna-se manifesto, e a distância, que o passo cauteloso da prosa transpõe com arte por meio do sentido que se insinua pouco a pouco, vem a lume em toda a sua nudez, escarnecida, espezinhada ou como sonho esquecido na rápida carreira dos versos.

Tampouco os versos de Dante são líricos, embora mais líricos que os de Homero: eles condensam e unificam o tom de balada[21] em epopeia. A imanência do sentido à vida é, para o

---

[21] O termo "balada", na obra do jovem Lukács, sempre pende para o lado da epopeia, como se o gênero fosse parte integrante de uma unidade épica maior,

mundo de Dante, atual e presente, mas no além: ela é a perfeita imanência do transcendente. A distância no mundo cotidiano da vida cresceu até tornar-se insuperável, mas, para além deste mundo, todo o errante encontra sua pátria que o aguarda desde a eternidade; toda a voz que aqui desvanece solitariamente lá é aguardada com o coro que lhe assimila as vibrações, integra-a à harmonia e torna-se harmonia por meio dela. O mundo das distâncias estende-se em aglomerados caóticos sob a radiante rosa celeste do sentido tornado manifesto e é a todo momento visível sem seus véus. Cada habitante da pátria no além é dela natural, todos lhe estão vinculados pelo poder incorruptível do destino, mas cada qual a reconhece e a vislumbra em seu peso e em sua fragmentariedade somente ao fim do caminho tornado significativo; todo personagem canta-lhe o destino único, o acontecimento isolado no qual se manifesta a parcela que cabe a ela: uma balada. E da mesma maneira que a totalidade da estrutura transcendental do mundo é um *a priori* predeterminado, abrangente e doador de sentido para todo o destino individual, assim também a intelecção progressiva desse edifício, de sua estrutura e de sua beleza — a grande experiência do peregrino Dante — tudo envolve na unidade de seu sentido agora revelado: o conhecimento de Dante transforma o individual em parte integrante do todo, as baladas em cantos de uma epopeia. Mas é apenas no além que o sentido desse mundo tornou-se imediatamente visí-

---

da qual ele é capaz de figurar como fragmento. Num trecho sobre as novelas de Storm, comenta-se: "[...] cada homem e cada acontecimento é somente parte de uma sinfonia que ressoa diretamente — talvez de modo involuntário, mas por certo inexprimido — do conjunto dos homens e acontecimentos; como se toda a coisa singular fosse apenas uma balada ou um fragmento de balada, um elemento daquela matéria de que um dia nascerá uma grande epopeia [...]" (*SuF*, p. 97). Ver também *SuF*, p. 112. (N. do T.)

vel e imanente. Nesse mundo a totalidade é fragmentária ou almejada, e os versos de Wolfram ou Gottfried não passam do ornato lírico de seus romances, e o caráter de balada do *Canto dos nibelungos* só pode ser encoberto mediante a composição, mas não integrado numa totalidade que englobe o universo.

A epopeia dá forma a uma totalidade de vida fechada a partir de si mesma, o romance busca descobrir e construir, pela forma, a totalidade oculta da vida. A estrutura dada do objeto — a busca é apenas a expressão, da perspectiva do sujeito, de que tanto a totalidade objetiva da vida quanto sua relação com os sujeitos nada têm em si de espontaneamente harmonioso — aponta para a intenção da configuração: todos os abismos e fissuras inerentes à situação histórica têm de ser incorporados à configuração e não podem nem devem ser encobertos por meios composicionais. Assim, a intenção fundamental determinante da forma do romance objetiva-se como psicologia dos heróis romanescos: eles buscam algo. O simples fato da busca revela que nem os objetivos nem os caminhos podem ser dados imediatamente ou que, se forem dados de modo psicologicamente imediato e consistente, isso não constitui juízo evidente de contextos verdadeiramente existentes ou de necessidades éticas, mas só um fato psicológico sem correspondente necessário no mundo dos objetos ou no das normas. Em outras palavras: pode tratar-se de crime ou loucura, e os limites que separam o crime do heroísmo aclamado, a loucura da sabedoria que domina a vida, são fronteiras lábeis, meramente psicológicas, ainda que o final alcançado se destaque da realidade cotidiana com a terrível clareza do erro irreparável que se tornou evidente. Epopeia e tragédia não conhecem, nesse sentido, nem o crime nem a loucura. O que é chamado de crime pelo uso costumeiro dos conceitos é para elas absolutamente inexistente ou nada mais que o ponto luminoso fixado simbolicamente e percebido à distância pelos sentidos, onde se torna visível a relação da alma com seu destino, o veículo de sua nostalgia metafísica pela pátria. A epopeia ou é o puro mundo infantil, no qual a transgressão de normas firmemente aceitas acarreta por força uma vingança, que por sua vez tem de ser vingada, e assim ao infinito, ou então é a perfeita teodiceia, na qual crime e castigo possuem pesos iguais e homogêneos na balança do juízo universal. E na tragédia, o crime é um nada ou um símbolo; um simples elemento da ação, exigido e determinado por requerimentos técnicos, ou o rompimento das formas situadas aquém da essência, a porta pela qual a alma ingressa em si mesma. A loucura é inteiramente ignorada pela epopeia, exceto quando se trata de uma linguagem universalmente incompreensível de um mundo sobrenatural, que só assim se torna manifesto; na tragédia não problemática ela pode ser a expressão simbólica para o fim, equivalente à morte física ou ao estupor da alma consumida no fogo essencial de sua individualidade. Pois crime e loucura são a objetivação do desterro transcendental — o desterro de uma ação na ordem humana dos contextos sociais e o desterro de uma alma na ordem do dever-ser do sistema suprapessoal de valores. Toda a forma é a resolução de uma dissonância fundamental da existência, um mundo onde o contrassenso parece reconduzido a seu lugar correto, como portador, como condição necessária do sentido. Se portanto numa forma o cúmulo do contrassenso, o desaguar no vazio de profundos e autênticos anseios humanos ou a possibilidade de uma nulidade última do homem, tem de ser acolhido como fato condutor, se aquilo que é em si um contrassenso tem de ser explicado e analisado, e em decorrência inapelavelmente reconhecido como existente, então é possível que nessa forma certas correntes desemboquem no mar da satisfação,[22]

---

[22] Em alemão, *Erfüllung*. (N. do T.)

embora o desaparecimento dos objetivos evidentes e a desorientação decisiva de toda a vida tenham de ser postos como fundamento do edifício, como *a priori* constitutivo de todos os personagens e acontecimentos.

Quando objetivo algum é dado de modo imediato, as estruturas com que a alma se defronta no processo de sua humanização como cenário e substrato de sua atividade entre os homens perdem seu enraizamento evidente em necessidades suprapessoais do dever-ser; elas simplesmente existem, talvez poderosas, talvez carcomidas, mas não portam em si a consagração do absoluto nem são os recipientes naturais da interioridade transbordante da alma. Constituem elas o mundo da convenção, um mundo de cuja onipotência esquiva-se apenas o mais recôndito da alma; um mundo presente por toda a parte em sua opaca multiplicidade e cuja estrita legalidade, tanto no devir quanto no ser, impõe-se como evidência necessária ao sujeito cognitivo, mas que, a despeito de toda essa regularidade, não se oferece como sentido para o sujeito em busca de objetivo nem como matéria imediatamente sensível para o sujeito que age. Ele é uma segunda natureza; assim como a primeira, só é definível como a síntese das necessidades conhecidas e alheias aos sentidos, sendo portanto impenetrável e inapreensível em sua verdadeira substância. Para a composição literária, porém, apenas a substância tem existência, e apenas substâncias intrinsecamente homogêneas entre si podem envolver-se na vinculação antagônica das mútuas relações composicionais. A lírica pode ignorar a fenomenalização da primeira natureza e criar uma mitologia proteiforme da subjetividade substancial a partir da força constitutiva dessa ignorância: para ela só há o grande instante e, nele, a unidade significativa entre alma e natureza, ou seu divórcio significativo, a solidão necessária e afirmada pela alma, torna-se eterna; arrebatada à duração que flui indiscriminadamente, destacada da multiplicidade turvamente condicionada das coisas, a mais pura interioridade da alma cristaliza-se em substância no instante lírico e, impelida por dentro, a natureza alheia e irreconhecível aglutina-se em símbolo mais e mais radiante. Mas tal relação entre alma e natureza só pode ser produzida nos instantes líricos. Do contrário a natureza transforma-se, graças a essa sua distância do sentido, numa espécie de pitoresco cafarnaum de símbolos sensíveis para a composição literária, que parece estar fixa numa mobilidade enfeitiçada e que só pode ser aplacada num repouso significativamente móvel pela palavra mágica da lírica. Pois tais instantes são constitutivos e determinantes da forma apenas para a lírica; apenas na lírica esse lampejo repentino da substância torna-se a súbita decifração de manuscritos desaparecidos; apenas na lírica o sujeito que porta essa experiência torna-se o depositário exclusivo do sentido, a única realidade verdadeira. O drama se desenrola numa esfera situada além dessa realidade, e nas formas épicas a experiência subjetiva permanece no sujeito: torna-se estado de ânimo. E a natureza — despida de sua vida própria estranha ao sentido tanto quanto de seu simbolismo pleno de sentido — torna-se um pano de fundo, um cenário, uma voz de acompanhamento: ela perde sua independência e é somente a projeção da essência apreensível pelos sentidos, a projeção da interioridade.

A segunda natureza das estruturas do homem não possui nenhuma substancialidade lírica: suas formas são por demais rígidas para se ajustarem ao instante criador de símbolos; o conteúdo sedimentado de suas leis é por demais determinado para jamais poder abandonar os elementos que, na lírica, têm de se tornar motivos ensaísticos;[23] tais elementos, contudo, vivem tão

---

[23] A relação entre ensaio e literatura é esmiuçada no ensaio que abre *A alma e as formas*, "Sobre a essência e a forma do ensaio: uma carta a Leo Popper". Quando

exclusivamente à mercê das leis, são a tal ponto desprovidos de qualquer valência sensível de existência independente de tais leis que, sem estas, é inevitável que eles sucumbam ao nada. Essa natureza não é muda, manifesta e alheia aos sentidos como a primeira: é um complexo de sentido petrificado que se tornou estranho, já de todo incapaz de despertar a interioridade; é um ossuário de interioridades putrefatas, e por isso só seria reanimada — se tal fosse possível — pelo ato metafísico de uma ressurreição do anímico que ela, em sua existência anterior ou de dever-ser, criou ou preservou, mas jamais seria reavivada por uma outra interioridade. Ela é por demais familiar às aspirações da alma para ser tratada como simples matéria-prima dos estados de ânimo, e no entanto por demais alheia para lhe ser a expressão adequada. O alheamento da natureza em face da primeira natureza, a postura sentimental moderna ante a natureza, é somente a projeção da experiência de que o mundo circundante criado para

---

bem lograda, a forma literária geralmente tem sucesso em abraçar a massa caótica do mundo numa totalidade integrada. Ora, existem precisamente "experiências para cuja expressão até o gesto mais simples e comedido seria demais — e ao mesmo tempo de menos; há questões cuja voz soa tão baixa que, para elas, o som do acontecimento mais cavo seria um ruído grosseiro, e não música de acompanhamento; há relações definidas pelo destino que são em si tão exclusivamente relações do destino que todo o elemento humano somente lhes perturbaria a pureza e altivez abstratas" (*SuF*, pp. 14 ss.). A literatura, e a lírica em específico, encontra-se onerada por um gravame sensível que cabe ao ensaio remediar, ao tomar as próprias formas como seu conteúdo: "O crítico é aquele [...] cuja experiência mais forte é esse conteúdo anímico que as formas ocultam indireta e inconscientemente em si. A forma é sua grande experiência, ela possui, como realidade imediata, força de imagem, é o elemento realmente vivo em seus escritos" (*SuF*, p. 16). Ver também, de Adorno, "Der Essay als Form" [O ensaio como forma], *in* Th. W. Adorno, *Noten zur Literatur I* [Notas sobre literatura], Frankfurt/M., Suhrkamp, 1980, pp. 9-49. (N. do T.)

Epopeia e romance

os homens por si mesmos não é mais o lar paterno, mas um cárcere. Enquanto as estruturas construídas pelo homem para o homem lhe são verdadeiramente adequadas, são elas a sua pátria inata e necessária; nenhuma aspiração pode nele surgir que ponha e experimente a natureza como objeto de busca e descoberta. A primeira natureza, a natureza como conformidade a leis para o puro conhecimento e a natureza como o que traz consolo para o puro sentimento, não é outra coisa senão a objetivação histórico-filosófica da alienação do homem em relação às suas estruturas. Quando o anímico das estruturas já não pode tornar-se diretamente alma, quando as estruturas já não aparecem apenas como a aglutinação e a cristalização de interioridades que podem, a todo instante, ser reconvertidas em alma, elas têm de obter sobre os homens um poder soberano irrestrito, cego e sem exceções para conseguir subsistir. E os homens denominam "leis" o conhecimento do poder que os escraviza, e o desconsolo perante a onipotência e a universalidade desse poder converte-se, para o conhecimento conceitual da lei, em lógica sublime e suprema de uma necessidade eterna, imutável e fora do alcance humano. A natureza das leis e a natureza dos estados de ânimo são provenientes do mesmo *locus* na alma: pressupõem elas a impossibilidade de uma substância consumada e significativa, a impossibilidade de o sujeito constitutivo encontrar um objeto constitutivo adequado. Na experiência da natureza, o sujeito apenas real[24] dissolve todo o mundo exterior em estado de ânimo e torna-se ele próprio estado de ânimo, pela inexorável identidade de essência do sujeito contemplativo com seu objeto; e a pura vontade de

---

[24] Em contraposição ao sujeito *normativo* da lírica, que "pode ignorar a fenomenalização da primeira natureza e criar uma mitologia proteiforme da subjetividade substancial a partir da força constitutiva dessa ignorância" (p. 62). (N. do T.)

conhecer um mundo depurado pela vontade e pelo desejo transforma o sujeito numa síntese assubjetiva, construtiva e construída de funções cognitivas. Isso é inevitável. Pois o sujeito é constitutivo só quando age a partir de dentro, apenas e tão somente o sujeito ético; ele logra esquivar-se à lei e ao estado de ânimo somente quando o palco de seus atos, o objeto normativo de sua ação, é formado com a matéria da pura ética: quando direito e costumes são idênticos à eticidade,[25] quando não é preciso introduzir mais ânimo nas estruturas, a fim de por elas chegar ao ato, do que delas pode ser resgatado pela própria ação. A alma de um tal mundo não busca conhecer leis, pois a própria alma é a lei do homem, e em cada matéria de sua provação ele vislumbrará a mesma face da mesma alma. E lhe pareceria um jogo fútil e supérfluo superar o alheamento do ambiente não humano pela força do sujeito em despertar estados de ânimo: o mundo humano em questão é aquele onde a alma, como homem, deus ou demônio, está em casa; nele encontra a alma tudo de que carece, sem que precise criar ou avivar nada por si própria, pois a sua existência está abundantemente repleta com o descobrir, compilar e formar aquilo que lhe é dado imediatamente como congenial à alma.

O indivíduo épico, o herói do romance, nasce desse alheamento em face do mundo exterior. Enquanto o mundo é intrinsecamente homogêneo, os homens também não diferem qualitativamente entre si: claro que há heróis e vilões, justos e criminosos, mas o maior dos heróis ergue-se somente um palmo acima da multidão de seus pares, e as palavras solenes dos mais sábios são ouvidas até mesmo pelos mais tolos. A vida própria da interioridade só é possível e necessária, então, quando a dispa-

---

[25] Em alemão, *Sittlichkeit*. (N. do T.)

Epopeia e romance

ridade entre os homens tornou-se um abismo intransponível; quando os deuses se calam e nem o sacrifício nem o êxtase são capazes de puxar pela língua de seus mistérios; quando o mundo das ações desprende-se dos homens e, por essa independência, torna-se oco e incapaz de assimilar em si o verdadeiro sentido das ações, incapaz de tornar-se um símbolo através delas e dissolvê-las em símbolos; quando a interioridade e a aventura estão para sempre divorciadas uma da outra.

O herói da epopeia nunca é, a rigor, um indivíduo. Desde sempre considerou-se traço essencial da epopeia que seu objeto não é um destino pessoal, mas o de uma comunidade. E com razão, pois a perfeição e completude do sistema de valores que determina o cosmos épico cria um todo demasiado orgânico para que uma de suas partes possa tornar-se tão isolada em si mesma, tão fortemente voltada a si mesma, a ponto de descobrir-se como interioridade, a ponto de tornar-se individualidade. A onipotência da ética, que põe cada alma como única e incomparável, permanece alheia e afastada desse mundo. Quando a vida, como vida, encontra em si um sentido imanente, as categorias da organicidade são as que tudo determinam: estrutura e fisionomia individuais nascem do equilíbrio no condicionamento recíproco entre parte e todo, e não da reflexão polêmica, voltada sobre si própria, da personalidade solitária e errante. Portanto, o significado que um acontecimento pode assumir num mundo de tal completude é sempre quantitativo: a série de aventuras na qual o acontecimento é simbolizado adquire seu peso pela importância que possui para a fortuna de um grande complexo vital orgânico, de um povo ou de uma estirpe. Que os heróis da epopeia, portanto, tenham de ser reis tem causas diversas, embora igualmente formais, da mesma exigência para a tragédia. Nesta, ela é fruto apenas da necessidade de remover do caminho da ontologia do destino todas as causalidades mesquinhas da vida: porque

A teoria do romance

a figura social culminante é a única cujos conflitos, preservando a aparência sensível de uma existência simbólica, resultam exclusivamente do problema trágico; porque somente ela, já em sua forma de manifestação externa, pode cercar-se da atmosfera indispensável à significação isolada. O que era símbolo na tragédia torna-se realidade na epopeia: o peso da vinculação de um destino com uma totalidade. O destino universal, que na tragédia não passava da sequência necessária de zeros transformados em milhão pelo acréscimo da unidade, é o que, na epopeia, confere conteúdo aos acontecimentos; e o fato de portar tal destino não cria isolamento algum à volta do herói épico; antes, prende-o com laços indissolúveis à comunidade cujo destino cristaliza-se em sua vida.

E a comunidade é uma totalidade concreta, orgânica — e por isso significativa em si mesma; eis por que o conjunto de aventuras de uma epopeia é sempre articulado, e nunca estritamente fechado: é um organismo dotado de uma plenitude de vida intrinsecamente inesgotável, que tem por irmãos ou vizinhos outros organismos idênticos ou análogos. O fato de as epopeias homéricas começarem no meio e não concluírem no final tem seu fundamento na legítima indiferença da verdadeira intenção épica diante de toda construção arquitetônica, e a introdução de conteúdos alheios — como Dietrich de Berna no *Canto dos nibelungos* — jamais poderá perturbar esse equilíbrio, pois na epopeia tudo tem a sua vida própria e cria a sua integração a partir da própria relevância interna. Nela, o que é alheio pode serenamente estender as mãos ao que é central; o mero contato de fatos concretos entre si faz surgir relações concretas, e o que é alheio, por seu distanciamento perspectivo e por sua plenitude irrealizada, não ameaçará a unidade do conjunto e terá, todavia, a certeza da existência orgânica. Dante é o único grande exemplo de uma vitória inequívoca da arquitetura sobre a organicidade, e por isso constitui uma transição histórico-filosófica da pura epopeia para o romance. Ele possui ainda a completude e ausência de distância perfeitas e imanentes da verdadeira epopeia, mas seus personagens já são indivíduos que resistem consciente e energicamente a uma realidade que a eles se fecha e, nessa oposição, tornam-se verdadeiras personalidades. E o próprio princípio constitutivo da totalidade de Dante é sistemático, superando a independência épica das unidades orgânicas parciais e transformando-as em verdadeiras partes hierarquicamente ordenadas. Tal individualidade, sem dúvida, é encontrada mais nos personagens secundários do que no herói, e a intensidade dessa tendência aumenta à medida que se afasta do centro rumo à periferia; cada unidade parcial conserva sua própria vida lírica, uma categoria que a antiga epopeia não conheceu nem podia conhecer. Essa unificação dos pressupostos da épica e do romance e sua síntese em epopeia repousam na estrutura dualista do mundo dantesco: a disjunção terrena entre vida e sentido é suplantada e superada pela coincidência entre vida e sentido na transcendência presente e vivida; à organicidade sem postulados da antiga epopeia, Dante contrapõe a hierarquia dos postulados satisfeitos, da mesma maneira que ele, e apenas ele, pode dispensar a superioridade social evidente do herói e seu destino que codetermina o da comunidade, pois a experiência de seu protagonista é a unidade simbólica do destino humano em geral.

4. A forma interna do romance

A totalidade do mundo dantesco é a do sistema visível de conceitos. Justamente essa aderência sensível às coisas, essa substancialidade tanto dos próprios conceitos como de sua ordem hierárquica no sistema, é que permite à completude e à totalidade tornarem-se categorias estruturais constitutivas, e não regulativas; que faz com que a marcha através do todo, embora rica em emoções, seja uma viagem bem guiada e sem perigos, e não uma peregrinação tateante rumo ao objetivo; que possibilita a epopeia numa situação histórico-filosófica que já impele os problemas às raias do romance. A totalidade do romance só se deixa sistematizar abstratamente, razão pela qual também um sistema atingível nesse caso — a única forma possível de totalidade fechada após o desaparecimento definitivo da organicidade — pode ser apenas um sistema de conceitos deduzidos e que, portanto, em seu caráter imediato, não entra em apreço na configuração estética. Sem dúvida, esse sistema abstrato é justamente o fundamento último sobre o qual tudo se constrói, mas na realidade dada e configurada vê-se apenas sua distância em relação à vida concreta, como convencionalidade do mundo objetivo e como exagerada interioridade do mundo subjetivo. Assim, na acepção hegeliana, os elementos do romance são inteiramente abstratos: abstrata é a aspiração dos homens imbuída da perfeição utópica, que só sente a si mesma e a seus desejos como realidade verdadeira; abstrata é a existência de estruturas que repousam somente na efetividade e na força do que existe; e abstrata é a intenção configuradora que permite subsistir, sem ser superada, a distância entre os dois grupos abstratos dos elementos de configuração, que a torna sensível, sem superá-la, como experiência do homem romanesco, que dela se vale para unir ambos os grupos e portanto a transforma no veículo da composição. O perigo que surge desse caráter fundamentalmente abstrato do romance já foi reconhecido como a transcendência rumo ao lírico ou dramático, ou como o estreitamento da totalidade em idílio, ou por fim como o rebaixamento ao nível da mera literatura de entretenimento. E só se pode combatê-lo na medida em que se puser como realidade última, de maneira consciente e consequente, a incompletude, a fragmentariedade e o remeter--se além de si mesmo do mundo.[26]

Toda a forma artística é definida pela dissonância metafísica da vida que ela afirma e configura como fundamento de uma totalidade perfeita em si mesma; o caráter de estado de ânimo do mundo assim resultante, a atmosfera envolvendo homens e acontecimentos é determinada pelo perigo que, ameaçando a forma, brota da dissonância não absolutamente resolvida. A dissonância da forma romanesca, a recusa da imanência do sentido em penetrar na vida empírica, levanta um problema de forma cujo caráter formal é muito mais dissimulado que o das outras formas artísticas e que, por ser na aparência questão de conteúdo, exige uma colaboração talvez ainda mais explícita e decisiva entre forças éticas e estéticas do que no caso de problemas formais evidentemente puros. O romance é a forma da virilidade madura, em contraposição à puerilidade normativa da epopeia; a forma do drama, à margem da vida, situa-se além das idades humanas, mesmo se compreendidas como categorias apriorísticas, como estágios normativos. O romance é a forma da virilidade madura: isso significa que a completude de seu mundo, sob a perspectiva objetiva, é uma imperfeição, e em termos da experiência subjetiva uma resignação. O perigo a que está sujeita essa configuração é portanto duplo: há o perigo de que a fragmentariedade do mundo salte bruscamente à luz e suprima a imanência do sentido exigida pela forma, convertendo a resignação em angustiante desengano, ou então que a aspiração demasiado intensa de saber a dissonância resolvida, afirmada e abrigada na forma conduza a um fecho precoce que desintegra a forma numa heterogeneidade disparatada, pois a fragmentariedade pode ser apenas

---

[26] Em alemão, *das Übersichhinausweisende der Welt*. (N. do T.)

superficialmente encoberta, mas não superada, e tem assim, rompendo os frágeis vínculos, de ser flagrada como matéria-prima em estado bruto. Em ambos os casos, porém, a composição permanece abstrata: a conversão em forma do fundamento abstrato do romance é a consequência do autorreconhecimento da abstração; a imanência do sentido exigida pela forma nasce justamente de ir-se implacavelmente até o fim no desvelamento de sua ausência.

A arte — em relação à vida — é sempre um "apesar de tudo"; a criação de formas é a mais profunda confirmação que se pode pensar da existência da dissonância. Mas em todas as outras formas, inclusive na epopeia, por razões agora já óbvias, essa afirmação é algo anterior à figuração, enquanto no romance ela é a própria forma. Eis por que nele a relação entre ética e estética no processo formador é diversa do que nas outras espécies literárias. Nestas, a ética é um pressuposto puramente formal que, por sua profundidade, torna possível um avanço até a essência formalmente condicionada, por sua extensão possibilita a totalidade igualmente condicionada pela forma e que, por sua amplitude, realiza o equilíbrio dos elementos constitutivos — de que a justiça é só uma expressão na linguagem da pura ética. No romance a intenção, a ética, é visível na configuração de cada detalhe e constitui portanto, em seu conteúdo mais concreto, um elemento estrutural eficaz da própria composição literária. Assim o romance, em contraposição à existência em repouso na forma consumada dos demais gêneros, aparece como algo em devir, como um processo. Por isso ele é a forma artisticamente mais ameaçada, e foi por muitos qualificado como uma semi-arte,[27] graças à equiparação entre problemática e ser problemático. Com

---

[27] Sobre as primeiras defesas da legitimidade do estatuto literário do romance e o desmentido de sua condição de semi-arte, ver os ensaios "O patriarca"

A forma interna do romance

uma especiosa aparência de razão, pois apenas o romance possui uma caricatura que lhe é quase idêntica em todos os aspectos inessenciais da forma: a leitura de entretenimento, que indica todas as características exteriores do romance, mas que em sua essência não se vincula a nada e em nada se baseia, carecendo com isso de todo o sentido. Portanto, se nas formas do ser como consumadamente realizado tais caricaturas são impossíveis, pois o aspecto extra-artístico da figuração não pode ser encoberto nem sequer por um instante, no romance é possível uma *aparente* aproximação que quase os confunde, em virtude do caráter regulativo e oculto das ideias efetivas, vinculativas e formadoras, em razão da *aparente* afinidade entre uma mobilidade vazia e um processo cujo conteúdo último é irracionalizável. Para o olhar atilado, porém, tal aproximação tem de revelar-se, em cada caso concreto, como caricatura, além do fato de que os demais argumentos invocados contra a natureza autenticamente artística do romance têm somente uma aparência de razão. Não só porque a imperfeição e a problemática normativas do romance sejam, em termos histórico-filosóficos, uma forma legítima e alcancem o seu substrato — o verdadeiro estado do espírito contemporâneo — como índice de sua legitimidade, mas porque sua processualidade exclui a completude apenas no que respeita ao conteúdo; como forma, no entanto, o romance representa um equilíbrio oscilante, embora de oscilação segura, entre ser e devir; como ideia do devir, ele se torna estado e desse modo supera-se, transformando-se no ser normativo do devir: "iniciado o caminho, consumada está a viagem".

Essa "semi-arte", pois, prescreve uma legalidade artística ainda mais rigorosa e infalível do que as "formas fechadas", e tais

---

e "Timidez do romance" de Antonio Candido, *in A educação pela noite e outros ensaios*, São Paulo, Ática, 1989, pp. 72-99. (N. do T.)

A teoria do romance

leis são tanto mais imperativas quanto, em sua essência, menos definíveis e formuláveis — são leis do tato. Tato e gosto, categorias a bem dizer subordinadas, que pertencem inteiramente à simples esfera da vida e são insignificantes para um mundo ético essencial, ganham aqui um grande significado constitutivo: unicamente por meio delas a subjetividade, do início ao fim da totalidade romanesca, tem condição de manter-se em equilíbrio, de pôr-se como objetividade epicamente normativa e superar assim a abstração, o perigo dessa forma. Pois o perigo também pode expressar-se deste modo: quando a ética tem de sustentar a estrutura de uma forma como conteúdo, e não como simples *a priori* formal, e quando não se dá mais, como nas eras épicas, uma coincidência ou pelo menos uma nítida convergência entre a ética como fator intrínseco da vida e o seu substrato de ação nas estruturas, surge o perigo de se configurar, em vez de uma totalidade existente, um aspecto subjetivo dessa última, o que turvaria ou mesmo destruiria a intenção de objetividade receptiva exigida pela grande épica. Não se há de contornar esse perigo, mas simplesmente superá-lo a partir de dentro. Pois essa subjetividade não é eliminada ao permanecer inexpressa ou ao ser transformada numa vontade de objetividade: esse silêncio e esse esforço são ainda mais subjetivos que a manifestação aberta de uma subjetividade claramente consciente, e portanto, outra vez na acepção hegeliana, ainda mais abstratos.

O autorreconhecimento, ou seja, a autossuperação da subjetividade, foi chamado de ironia pelos primeiros teóricos do romance, os estetas do primeiro Romantismo.[28] Como constituinte

---

[28] Para Friedrich Schlegel, por exemplo, entre suas inúmeras definições de ironia, ela é a "contínua alternância entre autocriação e autoaniquilação". F. Schlegel, *Kritische Ausgabe*, vol. II, nº 172, Paderborn, F. Schöning, 1967, p. 51. (N. do T.)

A forma interna do romance

formal da forma romanesca, significa ela uma cisão interna do sujeito normativamente criador em uma subjetividade como interioridade, que faz frente a complexos de poder alheios e empenha-se por impregnar o mundo alheio com os conteúdos de sua aspiração, e uma subjetividade que desvela a abstração e portanto a limitação dos mundos reciprocamente alheios do sujeito e do objeto, que os compreende em seus limites, concebidos como necessidades e condicionamentos de sua existência, e que, mediante esse desvelamento, ainda que mantenha intacta a dualidade do mundo, ao mesmo tempo vislumbra e configura um mundo unitário no condicionamento recíproco dos elementos essencialmente alheios entre si. Essa unidade, no entanto, é puramente formal; o alheamento e a hostilidade dos mundos interior e exterior não são superados, mas apenas reconhecidos como necessários, e o sujeito desse reconhecimento é tão empírico, ou seja, tão cativo do mundo e confinado à sua interioridade, quanto aqueles que se tornaram os seus objetos. Isso retira da ironia toda a superioridade fria e abstrata que reduziria a forma objetiva a uma forma subjetiva, à sátira,[29] e a totalidade a um aspecto, já que obriga o sujeito contemplador e criador a aplicar em si pró-

---

[29] Sobre a sátira, nos escritos de juventude de Lukács, sempre pesa certo tom pejorativo, como se o gênero fosse o reverso da medalha da ironia, ou melhor, uma ironia vazia de sua necessária objetividade, que se restringe exclusivamente ao aspecto subjetivo. Manfred Frank, em sua *Einführung in die frühromantische Ästhetik* [Introdução à estética do primeiro Romantismo] (Frankfurt/M., Suhrkamp, 1989, p. 345), dá uma pista para a distinção: "A diferença crucial para o tropo retórico consiste, porém, em que a ironia romântica não rejeita um dos elementos para alçar outro à categoria de validade. Tal é a pretensão do moralista ou do satirista, que — como Swift ou Rabener — se vale da ironia para ridicularizar o falso e assim revelar o bem". Quanto à sátira na *Teoria do romance*, ver pp. 112 e 125. (N. do T.)

prio o seu conhecimento do mundo, a tomar a si mesmo, e assim também a suas criaturas, como livre objeto da livre ironia — em suma, a transformar-se num sujeito puramente receptivo, prescrito normativamente para a grande épica.

Essa ironia é a autocorreção da fragmentariedade: as relações inadequadas podem transformar-se numa ciranda fantástica e bem-ordenada de mal-entendidos e desencontros mútuos, na qual tudo é visto sob vários prismas: como isolado e vinculado, como suporte do valor e como nulidade, como abstração abstrata[30] e como concretíssima vida própria, como estiolamento e como floração, como sofrimento infligido e como sofrimento sentido.[31]

Sobre um fundamento qualitativo inteiramente novo alcança-se outra vez uma perspectiva da vida — a do entrelaçamento indissolúvel entre a independência relativa das partes e sua vinculação ao todo. Só que as partes, apesar desse vínculo, jamais podem perder a rigidez de seu ensimesmamento abstrato, e a sua relação com a totalidade, embora tão próxima quanto possível do orgânico, não é uma legítima organicidade, mas uma relação conceitual reiteradamente superada. Do aspecto composicional, segue-se que os homens e os padrões de ação possuem o caráter ilimitado da autêntica matéria épica, embora sua estrutura seja essencialmente diversa da epopeia. A diferença estrutural em que ganha expressão essa pseudo-organicidade basicamente conceitual da matéria romanesca é aquela entre uma continuidade homogêneo-orgânica e uma descontinuidade heterogêneo-contingente. Graças a essa contingência, as partes relativamente independentes são mais independentes, mais integradas em si do que

---

[30] Em alemão, *abstrakte Absonderung*. (N. do T.)

[31] Em alemão, *als Leidenmachen und als Leiden*. (N. do T.)

as da epopeia, e têm por isso, através de meios que transcendem a sua simples existência, de ser inseridas no todo, a fim de não rompê-lo. À diferença da epopeia, elas têm de possuir um rígido significado composicional-arquitetônico, seja como iluminação por contraste do problema, como as novelas no *Dom Quixote*, seja como inserção preludística de temas ocultos, mas decisivos para o desfecho, como as *Confissões de uma bela alma*;[32] sua existência, no entanto, jamais se justifica por sua simples existência. Essa capacidade de vida descontínua das partes unificadas somente pela composição é relevante, sem dúvida, apenas como sintoma, na medida em que nela se revela com a máxima nitidez a estrutura da totalidade romanesca; na verdade não é necessário, em absoluto, que todo romance exemplar apresente essa consequência extrema em sua estrutura; e a tentativa de superar a problemática da forma romanesca orientando-se exclusivamente por essa peculiaridade leva mesmo a artificialismos, à clareza excessiva da composição, como no Romantismo ou no primeiro romance de Paul Ernst.[33]

Pois para a contingência isso é somente sintoma; ele não faz mais que elucidar um estado de fato necessariamente presente a toda hora e em toda parte, mas que é recoberto pelo tato sutilmente irônico da composição com uma aparência de organicidade repetidamente desvelada: a forma exterior do romance é essencialmente biográfica. A oscilação entre um sistema conceitual ao qual a vida sempre escapa e um complexo vital que

---

[32] Livro sexto de *Os anos de aprendizado de Wilhelm Meister*, de Goethe. (N. do T.)

[33] Paul Ernst (1866-1933), amigo próximo de Lukács, foi autor eminentemente teatral. Seu primeiro romance, intitulado *Der schmale Weg zum Glück* [O estreito caminho rumo à felicidade], veio a público em 1904. (N. do T.)

nunca é capaz de alcançar o repouso de sua perfeição utópico-
-imanente só pode objetivar-se na organicidade a que aspira a
biografia. Para uma situação universal em que o orgânico é a
categoria da existência que a tudo se impõe, pareceria uma vio-
lação insensata de seu caráter precisamente orgânico querer tomar a individualidade de um ser vivo, em sua limitação limi-
tante,[34] como ponto de partida da estilização e centro da configuração. E numa era de sistemas constitutivos, o significado
exemplar de uma vida individual nunca é mais do que um exemplo: representá-la como depositária, e não como substrato dos
valores, se é que um tal plano jamais pudesse vir à tona, resultaria
decerto numa pretensão ridícula. Na forma biográfica, o único,
o indivíduo configurado, tem um peso específico que seria demasiado alto para a onipotência da vida e demasiado baixo para
a do sistema; um grau de isolamento que seria demasiado grande
para aquela e vazio de sentido para esta; uma relação com o ideal
de que ele é portador e executor demasiado acentuada para a
primeira e insuficientemente subordinada para a segunda. Na
forma biográfica, a aspiração sentimental e inalcançável tanto
pela unidade imediata da vida quanto pela arquitetônica que
tudo integra do sistema é equilibrada e posta em repouso — é
transformada em ser. Pois o personagem central da biografia é
significativo apenas em sua relação com um mundo de ideais que
lhe é superior, mas este, por sua vez, só é realizado através da vida
corporificada nesse indivíduo e mediante a eficácia dessa experiência. Assim, na forma biográfica, o equilíbrio entre ambas as
esferas da vida, irrealizadas e irrealizáveis em seu isolamento, faz
surgir uma vida nova e autônoma, dotada — embora paradoxal-

---

[34] Em alemão, *begrenzende Begrenztheit*. (N. do T.)

A forma interna do romance

mente — de sentido imanente e perfeita em si mesma: a vida do indivíduo problemático.[35]

Mundo contingente e indivíduo problemático são realidades mutuamente condicionantes. Quando o indivíduo não é problemático, seus objetivos lhe são dados com evidência imediata, e o mundo, cuja construção os mesmos objetivos realizados levaram a cabo, pode lhe reservar somente obstáculos e dificuldades para a realização deles, mas nunca um perigo intrinsecamente sério. O perigo só surge quando o mundo exterior não se liga mais a ideias, quando estas se transformam em fatos psicológicos subjetivos, em ideais, no homem. Ao pôr as ideias como inalcançáveis e — em sentido empírico — como irreais, ao transformá-las em ideais, a organicidade imediata e não problemática da individualidade é rompida. Ela se torna um fim em si mesma, pois encontra dentro de si o que lhe é essencial, o que faz de sua vida uma vida verdadeira, mas não a título de posse ou fundamento de vida, senão como algo a ser buscado. O mundo circundante do indivíduo, no entanto, é somente um substrato e material de conteúdo diverso das mesmas formas categóricas que fundam seu mundo interior: o abismo intransponível entre realidade do ser e ideal do dever-ser tem de constituir, portanto, a

---

[35] "Das contingências à necessidade, esse é o caminho de cada homem problemático" (*SuF*, p. 38). Quarenta anos mais tarde, Adorno afirmaria que, à falta de um centro biográfico nos romances, estes tenderiam à epopeia: "[...] os romances de hoje que contam — aqueles em que a subjetividade liberada passa da força de gravidade que lhe é própria para o seu contrário — se assemelham a epopeias negativas. São testemunhas de um estado de coisas em que o indivíduo liquida a si mesmo e se encontra com o pré-individual, da maneira como este um dia pareceu endossar o mundo pleno de sentido". Th. W. Adorno, "Posição do narrador no romance contemporâneo", *in Os pensadores*, São Paulo, Abril Cultural, 1980, p. 273. (N. do T.)

essência do mundo exterior — ao material diverso correspondendo a mera diversidade estrutural. Essa diversidade revela-se com a máxima clareza na pura negatividade do ideal. Enquanto no mundo subjetivo da alma o ideal está tão aclimatado quanto as demais realidades anímicas, embora pareça rebaixado ao nível destas — ao da experiência — e possa, por esse motivo, destacar-se imediatamente, inclusive como conteúdo positivo, o divórcio entre realidade e ideal no mundo circundante do homem revela-se apenas na ausência do ideal e na consequente autocrítica imanente da mera realidade: no autodesvelamento de sua nulidade sem ideal imanente.

A forma de manifestação dessa autoaniquilação, que no simples fato de ser dada aponta uma dialética absolutamente intelectual, e não uma evidência imediata, literário-sensível, é dupla. Primeiro, a ausência de harmonia entre a interioridade e o seu substrato de ação — ausência esta que será tanto mais nitidamente realçada quanto mais autêntica é a interioridade, quanto mais próximas são as suas fontes das ideias que, na alma, tornaram-se ideais. Segundo, a incapacidade de esse mundo realmente integrar-se em sua hostilidade (alheia a ideais) contra a interioridade; a incapacidade tanto de encontrar para si próprio, como um todo, a forma da totalidade, quanto de encontrar a forma da coerência para a relação com seus elementos e a relação destes entre si. Em outras palavras: a irrepresentabilidade. Tanto as partes quanto o todo de um tal mundo exterior escapam às formas de configuração imediatamente sensível. Eles só ganham vida quando relacionados seja à interioridade vivenciadora dos homens que nela vagam, seja ao olhar contemplativo e criador da subjetividade expositiva do artista; quando eles se tornam objetos do estado de ânimo ou da reflexão. Eis a razão formal e a justificação literária da exigência romântica de que o romance, reunindo em si todas as formas, assimile em sua estrutura a pura lírica

A forma interna do romance

e o puro pensamento.[36] O caráter descontínuo dessa realidade requer, paradoxalmente, no interesse da própria significação épica e da valência sensível, essa inclusão de elementos cuja essência é de fato alheia ora à épica, ora à composição literária em geral. E o seu papel não se esgota na atmosfera lírica ou na significação intelectual que emprestam a acontecimentos de outro modo prosaicos, isolados e inessenciais; é somente neles que a base última do todo, a base que a tudo confere coesão, torna-se visível: o sistema de ideias regulativas que constitui a totalidade. Com efeito, a estrutura descontínua do mundo exterior repousa em última instância no fato de que o sistema de ideias exerce somente um poder regulativo sobre a realidade. A incapacidade de as ideias penetrarem no seio da realidade faz dessa última um descontínuo heterogêneo e, a partir dessa mesma proporção, cria para os elementos da realidade uma carência de vínculo a um sistema de

---

[36] Ver por exemplo: "ROMANTISMO. Não deveria o romance conceber todos os gêneros do estilo numa sequência reiteradamente concatenada pelo espírito comum?" (Novalis, *Das Allgemeine Brouillon*, nº 169, edição citada, p. 504); "A poesia romântica é uma poesia universal progressiva. Sua destinação não é apenas unir novamente todos os gêneros separados da poesia e pôr a poesia em contato com filosofia e retórica. Quer e também deve ora mesclar, ora fundir poesia e prosa, genialidade e crítica, poesia de arte e poesia de natureza, tornar viva e sociável a poesia, e poéticas a vida e a sociedade, poetizar o chiste, preencher e saturar as formas da arte com toda espécie de sólida matéria para cultivo, e as animar pelas pulsações do humor. Abrange tudo o que seja poético, desde o sistema supremo da arte, que por sua vez contém em si muitos sistemas, até o suspiro, o beijo que a criança poetizante exala em canção sem artifício" (F. Schlegel, *O dialeto dos fragmentos*, edição citada, p. 64, fragmento 116); "Pois [...] quase não posso conceber um romance que não seja uma mistura de narrativa, canção e outras formas" (F. Schlegel, *Conversa sobre a poesia e outros fragmentos*, São Paulo, Iluminuras, 1994, p. 68). (N. do T.)

ideias ainda mais profunda do que era o caso no mundo de Dante. Neste, conferia-se vida e sentido a todo o fenômeno por intermédio da indicação de seu lugar na arquitetônica universal, de modo tão imediato quanto vida e sentido estavam presentes, com perfeita imanência, em cada manifestação vital no mundo homérico da organicidade.

O processo segundo o qual foi concebida a forma interna do romance é a peregrinação do indivíduo problemático rumo a si mesmo, o caminho desde o opaco cativeiro na realidade simplesmente existente, em si heterogênea e vazia de sentido para o indivíduo, rumo ao claro autoconhecimento. Depois da conquista desse autoconhecimento, o ideal encontrado irradia-se como sentido vital na imanência da vida, mas a discrepância entre ser e dever-ser não é superada, e tampouco poderá sê-lo na esfera em que tal se desenrola, a esfera vital do romance; só é possível alcançar um máximo de aproximação, uma profunda e intensa iluminação do homem pelo sentido de sua vida. A imanência do sentido exigida pela forma é realizada pela sua experiência de que esse mero vislumbre do sentido é o máximo que a vida tem para dar, a única coisa digna do investimento de toda uma vida, a única coisa pela qual essa luta vale a pena. Esse processo abrange toda uma vida humana, e a par de seu conteúdo normativo, o caminho rumo ao autoconhecimento de um homem, são dados também sua direção e seu alcance. A forma interna do processo e sua possibilidade de configuração mais adequada, a forma biográfica, revelam, da maneira mais aguda possível, a grande diferença entre a ilimitação descontínua da matéria romanesca e a infinidade contínua da matéria da epopeia. Essa ilimitação possui uma má infinitude e necessita, por isso, de limites para tornar-se forma, ao passo que o infinito da matéria puramente épica é uma infinitude intrínseca, orgânica, que porta em si os valores e é pelos valores salientada — uma infinitude que demarca os seus próprios limites a partir de dentro e para a qual a infinitude exterior da extensão é quase indiferente, sendo apenas uma consequência e, no máximo, um sintoma. A forma biográfica realiza, no romance, a superação da má infinitude: de um lado, a extensão do mundo é limitada pela extensão das experiências possíveis do herói, e o conjunto dessas últimas é organizado pela direção que toma o seu desenvolvimento rumo ao encontro do sentido da vida no autoconhecimento; de outro lado, a massa descontínua e heterogênea de homens isolados, estruturas alheias ao sentido e acontecimentos vazios de sentido recebe uma articulação unitária pela referência de cada elemento específico ao personagem central e ao problema vital simbolizado por sua biografia.

Princípio e fim do mundo romanesco, determinados por início e fim do processo que preenche o conteúdo do romance, tornam-se assim marcos impregnados de sentido de um caminho claramente mensurado. Por menos que o romance esteja efetivamente vinculado ao começo e ao fim naturais da vida, a nascimento e morte, ele indica no entanto, justamente por meio dos pontos onde se inicia e acaba, o único segmento essencial determinado pelo problema, abordando tudo que lhe seja anterior ou posterior em mera perspectiva e em pura referência ao problema; sua tendência, pois, é desdobrar o conjunto de sua totalidade épica no curso da vida que lhe é essencial. Que começo e fim dessa vida não coincidam com os da vida humana mostra que o caráter dessa forma biográfica está orientado por ideias: é verdade que o desenvolvimento de um homem é o fio a que o mundo inteiro se prende e a partir do qual se desenrola, mas essa vida só ganha relevância por ser a representante típica daquele sistema de ideias e ideais vividos que determina regulativamente o mundo interior e exterior do romance. Se a existência literária de Wilhelm Meister estende-se desde a crise que se torna aguda diante das circunstâncias dadas de sua vida até a descoberta da profissão vital adequada a sua essência, então essa configuração biográfica tem os mesmos princípios que a biografia no romance de Pontoppidan, que se prolonga da primeira experiência marcante na infância até a morte do herói. E, seja como for, essa estilização difere cabalmente da da epopeia: nesta, os personagens centrais e suas aventuras relevantes são uma massa organizada por si própria, de modo tal que início e fim significam para ela algo inteiramente diverso e essencialmente sem importância: são instantes de grande intensidade, semelhantes a outros que constituem pontos culminantes do todo, mas nunca significam mais que a origem ou o desenlace de grandes tensões. Aqui, como em toda parte, Dante ocupa uma posição peculiar, na medida em que nele os princípios de configuração que convergem para o romance são reconvertidos em epopeia. Nele, começo e fim são a decisão da vida essencial, e tudo o que, como doador de sentido, pode adquirir importância transcorre entre eles; antes do início jazia um caos irredimível, após o término, uma segurança da redenção, agora livre de perigo. Mas o que início e fim abarcam furta-se precisamente às categorias biográficas do processo: um devir eternamente existente da distância;[37] e o que seria apreensível e configurável para a forma romanesca é condenado à absoluta inessencialidade pelo significado total dessa experiência. O romance encerra entre começo e fim o essencial de sua totalidade, e com isso eleva um indivíduo às alturas infinitas de quem tem de criar todo um mundo por sua experiência e manter a criação em equilíbrio — alturas que o indivíduo épico jamais pode alcançar, nem mesmo o de Dante, pois essa sua importância deve-se à graça que lhe foi dispensada, e não à sua pura individualidade. Por meio desse próprio isolamento, contudo, o indivíduo torna-se mero

---

[37] Em alemão, *Entrücktheit*. (N. do T.)

5. Condicionamento e significado histórico-filosófico do romance

instrumento, cuja posição central repousa no fato de estar apto a revelar uma determinada problemática do mundo.

5. Condicionamento e significado histórico-filosófico do romance

A composição do romance é uma fusão paradoxal de componentes heterogêneos e descontínuos numa organicidade constantemente revogada. As relações que mantêm a coesão dos componentes abstratos são, em pureza abstrata, formais: eis por que o princípio unificador último tem de ser a ética da subjetividade criadora que se torna nítida no conteúdo. Mas como esta tem de superar-se a si própria, a fim de que se realize a objetividade normativa do criador épico, e como nunca ela é capaz de penetrar inteiramente os objetos de sua configuração, nem portanto de despojar-se completamente de sua subjetividade e aparecer como o sentido imanente do mundo objetivo, ela própria necessita de uma nova autocorreção ética, mais uma vez determinada pelo conteúdo, a fim de alcançar o tato criador de equilíbrio. Essa interação entre dois complexos éticos, a sua dualidade no formar e a sua unidade na figuração,[38] é o conteúdo da ironia, a intenção normativa do romance, condenada, pela estrutura de seus dados, a uma extrema complexidade. Em toda a forma na qual a ideia é configurada como realidade, o destino da ideia no interior da realidade não precisa tornar-se objeto de uma reflexão dialética. A relação entre ideia e realidade resolve-se na configuração puramente sensível, não restando entre elas nenhum espaço vazio de distância que tenha de ser preenchido pela sabedoria

---

[38] Em alemão, *ihre Zweiheit im Formen und ihre Einheit in der Formung.* (N. do T.)

A teoria do romance

consciente e conspícua do escritor; essa sabedoria pode resolver-se, portanto, antes da configuração, pode ocultar-se por trás das formas e não é obrigada a superar-se a si mesma, como ironia, na composição literária. Pois a reflexão do indivíduo criador, a ética do escritor no tocante ao conteúdo, possui um caráter duplo: refere-se ela sobretudo à configuração reflexiva do destino que cabe ao ideal na vida, à efetividade dessa relação com o destino e à consideração valorativa de sua realidade. Essa reflexão torna-se novamente, contudo, objeto de reflexão: ela própria é meramente um ideal, algo subjetivo, meramente postulativo; também ela se defronta com um destino numa realidade que lhe é estranha, destino este que, dessa vez puramente refletido e restrito ao narrador, tem de ser configurado.

Esse ter de refletir é a mais profunda melancolia de todo o grande e autêntico romance. A ingenuidade do escritor — uma expressão positiva somente para o mais intrinsecamente inartístico da pura reflexão — é aqui violada, invertida no contrário; e o contrapeso desesperadamente conquistado, o equilíbrio oscilante de reflexões que se suprimem umas às outras, a segunda ingenuidade, a objetividade do romancista, é para tanto um simples sucedâneo formal: ele torna possível a configuração e arremata a forma, mas a própria maneira do remate indica com um gesto eloquente o sacrifício que se teve de fazer, o paraíso eternamente perdido que foi buscado mas não encontrado, cuja busca infrutífera e desistência resignada dão fecho ao círculo da forma. O romance é a forma da virilidade madura: seu escritor perdeu a radiante crença juvenil de toda a poesia, de "que destino e ânimo são nomes de um mesmo conceito" (Novalis);[39] e quanto

---

[39] Novalis, *Heinrich von Ofterdingen, in Werke, Tagebücher und Briefe*, vol. I, Munique, Carl Hanser, p. 377. (N. do T.)

Condicionamento e significado histórico-filosófico do romance

mais dolorosa e profundamente nele se enraíza a necessidade de opor essa essencialíssima profissão de fé de toda a composição literária como exigência contra a vida, tanto mais dolorosa e profundamente terá ele de compreender que se trata apenas de uma exigência, não de uma realidade efetiva. E essa percepção, sua ironia, volta-se tanto contra seus heróis, que em puerilidade poeticamente necessária sucumbem na realização dessa crença, quanto contra sua própria sabedoria, obrigada a encarar a futilidade dessa batalha e a vitória definitiva da realidade. De fato, a ironia desdobra-se em ambas as direções. Ela apreende não apenas a profunda desesperança dessa luta, mas também a desesperança tanto mais profunda de seu abandono — o deplorável fracasso de uma desejada adaptação a um mundo alheio a ideais, de um abandono da idealidade irreal da alma em prol de um controle da realidade. E na medida em que configura a realidade como vencedora, a ironia revela não apenas a nulidade do mundo real diante de seu adversário derrotado, não apenas que essa vitória jamais pode ser definitiva e será reiteradamente abalada por novas insurreições da ideia, mas também que o mundo deve sua primazia menos à própria força, cuja grosseira desorientação não basta para tanto, do que a uma problemática interna — embora necessária — da alma vergada sob os ideais.

A melancolia de ser adulto nasce da experiência conflitante de que a confiança absoluta e pueril na voz interior da vocação se rompe ou diminui, mas de que também é impossível extrair do mundo exterior, a cujo despotismo nos devotamos agora docilmente, uma voz que indique sem equívocos o caminho e determine os objetivos. Os heróis da juventude são acompanhados em seus caminhos pelos deuses: seja o esplendor do declínio ou a fortuna da fama que lhes acena ao final do caminho, ou ambos a um só tempo, eles jamais avançam sozinhos, são sempre conduzidos. Daí a profunda certeza de sua marcha: abandonados por todos, podem eles chorar de tristeza em ilhas desertas, podem cambalear até os portais do inferno no mais profundo descaminho da cegueira — sempre os envolve essa atmosfera de segurança, do deus que traça os caminhos do herói e toma-lhe a frente na caminhada.

Os deuses banidos e os que ainda não subiram ao poder tornam-se demônios; seu poder é vivo e eficaz, porém não mais penetra o mundo ou ainda não o faz: o mundo adquiriu uma coerência de sentido e um encadeamento causal que são incompreensíveis à força vivamente efetiva do deus que se tornou demônio e de cujo ponto de vista seus atos parecem pura carência de sentido. Mas a força da eficácia desse demônio permanece insuperada, pois que insuperável, pois a existência do novo deus é sustentada pelo perecimento do antigo; e por esse motivo, um possui — na esfera do único ser essencial, o ser metafísico — a mesma valência de realidade que o outro. "Não era divino", disse Goethe do demoníaco, "pois parecia irracional; nem humano, pois não tinha nenhum entendimento; nem diabólico, pois era benevolente; nem angelical, pois muitas vezes deixava notar um prazer perverso. Equivalia ao acaso, pois não dava mostra de coerência; assemelhava-se à providência, pois revelava nexo. Tudo que nos limita parecia-lhe permeável; parecia manipular a bel--prazer os elementos necessários à nossa existência; contraía o tempo e distendia o espaço. Só parecia deliciar-se com o impossível e repelir o possível com desprezo".[40]

Existe uma aspiração essencial da alma que se ocupa, porém, somente com o essencial, não importa de onde ele venha ou quais sejam seus objetivos; há uma aspiração da alma em que

---

[40] J. W. Goethe, *Dichtung und Wahrheit* [Poesia e verdade], 4ª parte, 20º livro, *in Goethes Werke*, vol. X, Hamburger Ausgabe, Hamburgo, 1988, p. 175. (N. do T.)

a ânsia pela pátria é tão virulenta que a alma, em ímpeto cego, tem de seguir a primeira trilha que parece conduzir ao lar; e tão poderoso é esse fervor que ela é capaz de percorrer seu caminho até o fim: para essa alma, todo o caminho leva à essência, ao lar, pois para essa alma sua individualidade é a pátria. Eis por que a tragédia ignora uma verdadeira diferença entre deus e demônio, enquanto na epopeia, se porventura um demônio penetrar em seus domínios, será ele um ser excelso e submisso, um ser impotente, uma divindade combalida. A tragédia destrói a hierarquia dos mundos superiores; nela não há deus[41] nem demônio, pois o mundo exterior é somente um pretexto para que a alma encontre a si mesma, para que se torne heroica; de fato, o mundo não é nem perfeita nem deficientemente transpassado pelo sentido, mas antes uma mixórdia de acontecimentos cegos, indiferentes às figurações existentes e objetivas de sentido; a alma, porém, transforma todo o acontecimento em destino, e apenas ela o faz com cada um deles. Só quando a tragédia ingressa no passado, quando a mentalidade dramática torna-se transcendente, é que entram em cena deuses e demônios; apenas no drama da graça[42] a *tabula rasa* do mundo superior povoa-se novamente com personagens prepostos e subordinados.

O romance é a epopeia do mundo abandonado por deus; a psicologia do herói romanesco é a demoníaca; a objetividade do romance, a percepção virilmente madura de que o sentido jamais

---

[41] "O drama é um jogo; um jogo do homem e do destino; um jogo em que deus é o espectador. Espectador apenas, e jamais sua palavra ou seus gestos se mesclam às palavras ou aos gestos dos atores. Apenas os seus olhos pousam sobre eles" (*SuF*, p. 218). (N. do T.)

[42] Sobre o drama da graça (*Gnadendrama*), vertente do drama não trágico, ver "Posfácio", pp. 212-3. (N. do T.)

é capaz de penetrar inteiramente a realidade, mas de que, sem ele, esta sucumbiria ao nada da inessencialidade — tudo isso redunda numa única e mesma coisa, que define os limites produtivos, traçados a partir de dentro, das possibilidades de configuração do romance e ao mesmo tempo remete inequivocamente ao momento histórico-filosófico em que os grandes romances são possíveis, em que afloram em símbolo do essencial que há para dizer. A mentalidade do romance é a virilidade madura, e a estrutura característica de sua matéria é seu modo descontínuo, o hiato entre interioridade e aventura. *"I go to prove my soul"*, diz o Paracelso de Browning,[43] e a inadequação da maravilhosa fala reside apenas no fato de ser proferida por um herói dramático. O herói do drama ignora toda a aventura, pois, pela força de sua alma ungida pelo destino e alcançada a si mesma, o acontecimento que deveria tornar-se para ele aventura converte-se em destino ao mero contato com ela, em mero pretexto de prova, em oportunidade da revelação daquilo que jazia prefigurado no ato de alcançar-se da alma. O herói do drama desconhece toda a interioridade, pois a interioridade nasce da dualidade antagônica entre alma e mundo, da penosa distância entre psique e alma; o herói trágico alcançou sua alma e ignora portanto toda a realidade que lhe seja alheia: tudo quanto lhe seja exterior torna-se para ele pretexto do destino predeterminado e adequado. Eis por que o herói do drama não sai a campo para provar a si mesmo: ele é herói porque sua certeza interior está afiançada *a priori*, para além de toda a prova; o acontecimento que dá forma ao destino é para ele somente uma objetivação simbólica, uma cerimônia profun-

---

[43] *Paracelso* (1835), drama de Robert Browning (1812-1889). A frase acha-se no primeiro ato, cujo título é "Paracelsus Aspires". Cf. *The Poems and Plays of Robert Browning*, vol. I, Londres, Everyman's Library, 1936, p. 42. (N. do T.)

Condicionamento e significado histórico-filosófico do romance

da e solene. (A mais essencial e intrínseca falta de estilo do drama moderno, sobretudo o de Ibsen, é que seus principais personagens têm de ser postos à prova, que eles sentem em si o distanciamento de sua alma e querem superá-lo na ânsia desesperada de submeter-se à prova ditada pelos acontecimentos; os heróis dos dramas modernos vivem os pressupostos do drama: o próprio drama percorre o processo de estilização que o escritor — como pressuposto fenomenológico de sua criação — teria de cumprir antes do drama.)[44]

O romance é a forma da aventura do valor próprio da interioridade; seu conteúdo é a história da alma que sai a campo para conhecer a si mesma, que busca aventuras para por elas ser provada e, pondo-se à prova, encontrar a sua própria essência. A segurança interior do mundo épico exclui a aventura, nesse sentido próprio: os heróis da epopeia percorrem uma série variegada de aventuras, mas que vão superá-las, tanto interna quanto externamente, isso nunca é posto em dúvida; os deuses que presidem o mundo têm sempre de triunfar sobre os demônios (as divindades dos obstáculos, denomina-as a mitologia indiana). Daí a passividade do herói épico exigida por Goethe e Schiller:[45] a ciranda de aventuras que lhe adorna e preenche a vida é a configuração da totalidade objetiva e extensiva do mundo, ele próprio

---

[44] Cf. "Posfácio", p. 208. Ver também *SuF*, p. 225: "Apenas aparentemente Ibsen é um epígono dos gregos, um continuador da composição à *Édipo*". Visão mais conciliadora pode ser inferida do excelente capítulo sobre Ibsen em *EmD*, pp. 242-76. (N. do T.)

[45] "O poema épico apresenta, principalmente, uma atividade restrita à pessoa; [...] uma pessoa que *age para fora de si* [*außer sich wirkender* Mensch]: batalhas, viagens, toda sorte de empreitada que exige uma certa amplitude dos sentidos" ("Über epische und dramatische Dichtung", *in Goethes Werke*, vol. XII, edição citada, p. 250). (N. do T.)

é somente o centro luminoso ao redor do qual gira esse desdobramento, o ponto intrinsecamente mais imóvel do movimento rítmico do mundo. Ora, a passividade do herói romanesco não é uma necessidade formal, antes define a relação do herói com sua alma e sua relação com seu mundo circundante. Ele não precisa ser passivo, e por isso sua passividade tem uma qualidade psicológica e sociológica própria e define um determinado tipo nas possibilidades estruturais do romance.

A psicologia do herói romanesco é o campo de ação do demoníaco. A vida biológica e sociológica está profundamente inclinada a apegar-se a sua própria imanência: os homens desejam meramente viver, e as estruturas, manter-se intactas; se os homens, por vezes acometidos pelo poder do demônio, não excedessem a si mesmos de modo infundado e injustificável e não revogassem todos os fundamentos psicológicos e sociológicos de sua existência, o distanciamento e a ausência do deus efetivo emprestaria primazia absoluta à indolência e à autossuficiência dessa vida que apodrece em silêncio. Súbito descortina-se então o mundo abandonado por deus como falta de substância, como mistura irracional de densidade e permeabilidade: o que antes parecia o mais sólido esfarela como argila seca ao primeiro contato com quem está possuído pelo demônio, e uma transparência vazia por trás da qual se avistavam atraentes paisagens torna-se bruscamente uma parede de vidro, contra a qual o homem se mortifica em vão e insensatamente, qual abelhas contra uma vidraça, sem atinar que ali não há passagem.

A ironia do escritor é a mística negativa dos tempos sem deus: uma *docta ignorantia* em relação ao sentido; uma amostra da manobra benéfica e maléfica dos demônios; a recusa de poder conceber mais do que o fato dessa manobra, e a profunda certeza, exprimível apenas ao configurar, de ter na verdade alcançado, vislumbrado e apreendido, nesse não-querer-saber e nesse não-po-

Condicionamento e significado histórico-filosófico do romance

der-saber, o fim último, a verdadeira substância, o deus presente e inexistente. Eis por que a ironia é a objetividade do romance. "Em que medida os personagens do escritor são objetivos?", pergunta Hebbel. "Na medida em que o homem é livre em sua relação com deus."[46] O místico é livre quando renuncia a si mesmo e é inteiramente absorvido em deus; o herói é livre quando, com pertinácia luciferina, atinge a perfeição em si e a partir de si mesmo, quando — para a atividade de sua alma — exila todas as meias medidas do mundo onde seu ocaso reina soberano.[47]

---

[46] F. Hebbel, *Sämtliche Werke. Historisch-kritische Ausgabe*, Berlim, 1905, 2ª seção, vol. II, p. 45. (N. do T.)

[47] Eis a relação integrada e excludente entre mística e tragédia: "O auge do ser experimentado nos êxtases místicos desaparece no céu nebuloso do todo-unidade; a elevação da vida que eles causam funde aquele que experimenta com todas as coisas e todas as coisas entre si. Só quando toda a diferença desapareceu para sempre tem início a verdadeira existência do místico; o milagre que criou seu mundo tem de destruir todas as formas, pois somente por trás delas, oculta e dissimulada por elas, vive sua realidade, a essência. O milagre da tragédia é criador de forma; individualidade é a sua essência tão exclusiva quanto o era, na mística, a perda de si. Aquele era um padecimento do todo, este é a sua criação. Lá encontrava-se além de toda explicação saber como um eu podia assimilar tudo em si; como, ainda que em estado de fusão fluida, ele podia aniquilar toda a diferença entre o seu eu e o mundo e conservar, no entanto, uma individualidade para experimentar essa supressão própria. Aqui, justamente o oposto é inexplicável. O eu acentua sua individualidade com uma força que tudo exclui e tudo aniquila, mas essa autoafirmação extrema confere a todas as coisas com que se depara uma dureza férrea e uma vida autárquica, e — ao atingir o apogeu definitivo da pura individualidade — suprime a si mesmo: o último esforço da individualidade saltou sobre tudo o que é meramente individual. Sua força emprestou às coisas a consagração do elevar-se ao destino, mas seu grande combate com o destino criado por ela própria converte-a em algo suprapessoal, em símbolo de uma relação última do destino" (*SuF*, pp. 229 ss.). (N. do T.)

O homem normativo conquistou a liberdade em relação a deus, porque as elevadas normas das obras e da ética substancial estão radicadas na existência do deus que tudo aperfeiçoa, na ideia da redenção; porque tais normas permanecem intocadas em sua essência mais recôndita por quem domina o presente, quer seja deus ou demônio. Mas a realização do normativo na alma ou na obra não pode dissociar-se de seu substrato, do presente (em sentido histórico-filosófico), sem pôr em perigo sua força mais própria, seu encontro constitutivo com seu objeto. Também o místico — que, para além dos deuses moldados em forma, aspira à experiência viva da divindade única e definitiva e que de fato a alcança — está vinculado nessa sua experiência ao deus presente; e na medida em que sua experiência aperfeiçoa-se em obra, adquire ela perfeição dentro das categorias prescritas pela posição histórico-filosófica do relógio mundial. Essa liberdade, portanto, está sujeita a uma dialética categórica dupla, uma de esfera teórica, outra histórico-filosófica; o que nela é a essência mais própria da liberdade — a relação constitutiva com a redenção — permanece inexprimível; tudo quanto pode ser expresso e configurado fala a língua dessa dupla servidão.

Mas não se deve saltar esse desvio via fala rumo ao silêncio, via categoria rumo à essência, via deus rumo à divindade: em categorias históricas imaturas, um anseio direto pelo silêncio tem de converter-se num balbucio reflexivo. Assim, na forma perfeitamente consumada, o escritor é livre perante deus, pois nela e somente nela o próprio deus torna-se substrato da configuração, análogo e equivalente às demais matérias da forma dadas normativamente, sendo inteiramente abraçado por seu sistema de categorias: a existência de deus e a qualidade dessa existência são condicionadas pela relação normativa que ele — como possibilidade de configuração — mantém com as formas construtivas, pelo valor que lhe cabe tecnicamente na estrutura e na ar-

Condicionamento e significado histórico-filosófico do romance

ticulação da obra. Mas essa subsunção de deus ao conceito técnico de autenticidade material das formas específicas revela a face dupla do remate artístico e a sua inserção na série de obras metafisicamente significativas: essa perfeita imanência técnica tem como pressuposto uma relação constitutiva prévia — em sentido normativo, não psicológico — com a existência definitiva e transcendente: a forma transcendental e criadora de realidade da obra só pode surgir quando, nela, uma verdadeira transcendência tornar-se imanente. A imanência vazia, ancorada apenas na experiência do escritor, e não ao mesmo tempo em seu regresso à pátria de todas as coisas, é somente a imanência de uma superfície que recobre as fissuras, mas que nem sequer como superfície pode reter essa imanência, e também como tal tem de tornar-se lacunosa.

Para o romance, a ironia é essa liberdade do escritor perante deus, a condição transcendental da objetividade da configuração. Ironia que, com dupla visão intuitiva, é capaz de vislumbrar a plenitude divina do mundo abandonado por deus; que enxerga a pátria utópica e perdida da ideia que se tornou ideal e ao mesmo tempo a apreende em seu condicionamento subjetivo-psicológico, em sua única forma de existência possível; ironia que — ela própria demoníaca — concebe o demônio no sujeito como essencialidade metassubjetiva e, com isso, num pressentimento inexprimido, fala de deuses passados e futuros quando narra as aventuras de almas errantes numa realidade inessencial e vazia; ironia que tem de buscar o mundo que lhe seja adequado no calvário da interioridade, sem poder encontrá-lo; que dá forma simultaneamente ao prazer perverso do deus-criador com o malogro das débeis insurreições contra sua fancaria poderosa e inútil e ao sofrimento sublime, além de toda expressão, do deus-redentor com sua incapacidade de regressar a este mundo. A ironia, como autossuperação da subjetividade que foi aos limites, é a mais alta liberdade possível num mundo sem deus. Eis por que ela não é meramente a única condição *a priori* possível de uma objetividade verdadeira e criadora de totalidade, mas também eleva essa totalidade, o romance, a forma representativa da época, na medida em que as categorias estruturais do romance coincidem constitutivamente com a situação do mundo.

II.
Ensaio de uma tipologia
da forma romanesca

1. O idealismo abstrato

O abandono do mundo por Deus revela-se na inadequação entre alma e obra, entre interioridade e aventura, na ausência de correspondência transcendental para os esforços humanos. Essa inadequação tem *grosso modo* dois tipos: a alma é mais estreita ou mais ampla que o mundo exterior que lhe é dado como palco e substrato de seus atos.[1]

No primeiro caso, o caráter demoníaco do indivíduo problemático que, combativo, sai a campo é mais claramente manifesto que no segundo, mas ao mesmo tempo sua problemática interior vem à luz de modo menos gritante; à primeira vista, seu fracasso no contato com a realidade tem mais a aparência de

---

[1] Ver a afirmação de Bakhtin: "Um dos principais temas interiores do romance é justamente o tema da inadequação de um personagem ao seu destino e à sua situação. O homem ou é superior ao seu destino ou é inferior à sua humanidade". M. Bakhtin, *Questões de literatura e de estética: a teoria do romance*, São Paulo, Unesp/Hucitec, 1993, p. 425. Sobre as semelhanças e divergências entre as teorias de Bakhtin e do jovem Lukács, ver M. Holquist, *Dialogism: Bakhtin and his World*, Londres, Routledge, 1990, pp. 73-84. (N. do T.)

A teoria do romance

um mero fracasso exterior. O demonismo do estreitamento da alma é o demonismo do idealismo abstrato. É a mentalidade que tem de tomar o caminho reto e direto para a realização do ideal; que, em deslumbramento demoníaco, esquece toda a distância entre ideal e ideia, entre psique e alma; que, com a crença mais autêntica e inabalável, deduz do dever-ser da ideia a sua existência necessária e enxerga a falta de correspondência da realidade a essa exigência *a priori* como o resultado de um feitiço nela operado por maus demônios, feitiço que pode ser exorcizado e redimido pela descoberta da palavra mágica ou pela batalha intrépida contra os poderes sobrenaturais.

A problemática que determina a estrutura desse tipo de herói consiste, pois, numa total falta de problemática interna e, como consequência dessa falta, na completa ausência de senso transcendental de espaço, da capacidade de experimentar distâncias como realidades. Aquiles ou Ulisses, Dante ou Arjuna — precisamente porque são guiados por deuses em seus caminhos — sabem que esse guia também pode vir a faltar, que sem tal auxílio estariam eles impotentes e indefesos perante inimigos superiores. A relação entre mundo objetivo e subjetivo é mantida assim em equilíbrio adequado: o herói sente na exata medida a superioridade do mundo exterior com que se defronta; apesar dessa modéstia íntima, ele pode triunfar ao final, pois sua força, em si mais fraca, é conduzida à vitória pelo supremo poder do mundo, de modo que não apenas as relações de força imaginárias e verdadeiras correspondem uma à outra, mas também as vitórias e derrotas não contradizem a ordem de fato nem a do dever-ser do mundo. Tão logo falte esse instintivo sentido de distância — cuja força contribui de modo essencial para a perfeita imanência da vida, para a "saúde" da epopeia —, a relação entre mundo subjetivo e objetivo torna-se paradoxal; em virtude do estreitamento da alma que age, da alma retratada epicamente, o

O idealismo abstrato

mundo, como substrato de suas ações, torna-se para ela também mais estreito do que é na realidade. Mas como, de um lado, essa reformulação do mundo e toda a ação que dele resulta pode atingir apenas o mundo reformulado e não o verdadeiro centro do mundo exterior, e como, de outro lado, essa atitude é necessariamente subjetiva e mantém intocada a essência do mundo do qual ela oferece apenas uma cópia distorcida, a reação à alma provém de fontes que lhe são totalmente heterogêneas. Ação e reação, portanto, não possuem em comum nem alcance nem qualidade, nem realidade nem direção do objeto. Por isso, sua relação mútua nunca poderá ser uma verdadeira batalha, mas só um grotesco desencontro recíproco ou um embate igualmente grotesco, condicionado por mútuos mal-entendidos. Esse caráter grotesco é em parte compensado, em parte reforçado pelo conteúdo e a intensidade da alma. De fato, esse estreitamento da alma é sua obsessão demoníaca pela ideia existente, pela realidade posta como única e corriqueira. O conteúdo e a intensidade desse modo de agir têm por isso de elevar a alma à região da mais autêntica sublimidade e, ao mesmo tempo, reforçar e repisar a contradição grotesca entre realidade efetiva e imaginada — a ação do romance — em seu caráter grotesco. A natureza descontínuo-heterogênea do romance alcança aqui seu ponto culminante: as esferas da alma e dos atos, psicologia e ação, não possuem absolutamente mais nada em comum.

Some-se a isso que nenhum dos dois princípios possui em si ou a partir da relação com os demais um caráter de progresso e evolução imanentes. A alma é algo que repousa, para além dos problemas, na existência transcendente por ela atingida; nenhuma dúvida, nenhuma busca, nenhum desespero pode nela surgir a fim de arrancá-la para fora de si e pô-la em movimento, e os combates inutilmente grotescos por sua realização no mundo exterior tampouco podem afetá-la: em sua certeza íntima nada a pode abalar, mas isso somente porque ela está enclausurada nesse mundo seguro, porque é incapaz de vivenciar seja lá o que for. A absoluta ausência de uma problemática internamente vivida transforma a alma em pura atividade. Como ela repousa intocada por todos em sua existência essencial, cada um de seus impulsos tem de ser uma ação voltada para fora. A vida de semelhante homem, portanto, tem de tornar-se uma série ininterrupta de aventuras escolhidas por ele próprio. Ele se lança sobre elas, pois para ele a vida só pode ser o mesmo que fazer frente a aventuras. A concentração aproblemática de sua interioridade, tida por ele como a essência mediana e trivial do mundo, obriga-o a convertê-la em ações; quanto a esse aspecto de sua alma, falta-lhe todo tipo de contemplação, todo pendor e toda aptidão para uma atividade voltada para dentro. Ele tem de ser aventureiro. Mas o mundo que ele tem de escolher como palco de suas ações é uma curiosa mistura de organicidade florescente, alheia a ideias, e de convenção petrificada das mesmas ideias que, em sua alma, desfrutam de uma vida puramente transcendental. Daí resulta a possibilidade de sua ação a um só tempo espontânea e ideológica: o mundo com que ele se depara não está só pleno de vida, mas também da aparência daquela mesma vida, que nele vive como o unicamente essencial. Da ambiguidade do mundo resulta também, no entanto, a intensidade com que ele age grotescamente ao largo desse mesmo mundo, tão logo nele ponha seus pés: a aparência da ideia desvanece ante o semblante ensandecido do ideal petrificado, e a verdadeira essência do mundo existente, a organicidade autossuficiente e vazia de ideias, assume o posto que lhe cabe de primazia universal.

Aqui se revela com toda a nitidez o caráter não divino, demoníaco dessa obsessão, mas ao mesmo tempo sua semelhança igualmente demoníaca, perturbadora e fascinante com o divino: a alma do herói repousa, fechada e perfeita em si mesma, como

O idealismo abstrato

uma obra de arte ou uma divindade; mas essa essência só pode exprimir-se no mundo exterior em aventuras inadequadas, que apenas para o enclausuramento maníaco em si mesmo não têm poder de refutação; e seu isolamento, à semelhança de uma obra de arte, separa a alma não somente de cada realidade externa, mas também de todas as regiões na própria alma não aprisionadas pelo demônio. Assim é que o máximo de sentido alcançado em vida torna-se o máximo de ausência de sentido: a sublimidade torna-se loucura, monomania. E essa estrutura da alma tem de atomizar completamente a massa possível de ações. Mesmo que, devido ao caráter puramente reflexivo dessa interioridade, a realidade externa permaneça intocada por ela e revele-se "tal como é" em resposta a cada ação do herói, nem por isso ela deixa de ser uma massa perfeitamente inerte, amorfa e sem sentido, a que falta toda capacidade de uma reação planejada e uniforme e da qual a demoníaca sede de aventuras do herói elege, de maneira arbitrária e incoerente, aqueles momentos em que deseja pôr-se à prova. Assim é que a rigidez da psicologia e o caráter da ação, atomizado em aventuras isoladas, condicionam-se mutuamente e permitem revelar com toda a clareza o perigo desse tipo de romance: a má infinitude e a abstração.

E não é apenas o tato genial de Cervantes, cuja obra é a objetivação eterna dessa estrutura, que superou esse perigo com o seu enlace inescrutavelmente profundo e radiantemente sensível entre divindade e loucura na alma de Dom Quixote, mas também o momento histórico-filosófico em que sua obra foi criada. É mais que um acaso histórico que o *Dom Quixote* tenha sido concebido como paródia aos romances de cavalaria, e sua relação com eles é mais do que ensaística.[2] O romance de

---

[2] Cf. nota 23, p. 63. (N. do T.)

cavalaria[3] sucumbiu ao destino de toda épica que quis manter e perpetuar uma forma puramente a partir do formal, depois de as condições transcendentais de sua existência já estarem condenadas pela dialética histórico-filosófica; ele perdeu suas raízes na existência transcendental, e as formas, que nada mais tinham de imanente, tiveram de estiolar, tornar-se abstratas, uma vez que sua força, destinada à criação de objetos, teve de chocar-se com a própria falta de objeto; em lugar de uma grande épica, surgiu uma literatura de entretenimento. Ora, por trás do casulo vazio dessas formas mortas ergueu-se, certa vez, uma grande forma, pura e autêntica, se bem que problemática: a épica de cavalaria da Idade Média. Eis o curioso caso da possibilidade de uma forma romanesca numa era cuja segurança divina possibilitava e requeria uma epopeia. O grande paradoxo do cosmos cristão é que o dilaceramento e a imperfeição normativa do mundo aquém, sua queda pelo erro e pecado, contrapõe-se à redenção eternamente existente, à teodiceia eternamente presente da vida além. Dante logrou captar essa totalidade dos dois mundos na forma puramente epopeica da *Divina comédia*; outros poetas épicos, que permaneceram no aquém, tiveram de preservar o transcendente em estado de transcendência artisticamente intocada, e assim puderam criar totalidades de vida apreendidas de maneira meramente sentimental, totalidades meramente buscadas, que se ressentem da imanência existente do sentido — romances, e não epopeias. A peculiaridade desses romances, a sua beleza onírica e o seu encanto mágico, consiste em que, ne-

---

[3] Lukács não toma em consideração os chamados romances antigos ou gregos, obviamente por não se encaixarem em seu esquema histórico-filosófico. Quanto ao gênero, ver B. E. Perry, *The Ancient Romances*, Berkeley, University of California Press, 1967 e T. Hägg, *The Novel in Antiquity*, Oxford, Basil Blackwell, 1983. (N. do T.)

O idealismo abstrato

les, toda busca é apenas a aparência de uma busca, em que cada marcha errante de seus heróis é conduzida e endossada por uma graça metaformal inapreensível, em que, neles, a distância, perdendo sua realidade objetiva, torna-se um ornamento belo e sombrio, e o salto que o supera, um gesto dançante, sendo ambos, portanto, elementos puramente decorativos. Na verdade, tais romances são grandes contos de fadas, pois neles a transcendência não é captada, tornada imanente e absorvida na forma transcendental criadora de objetos, mas persiste em sua transcendência incólume; apenas sua sombra preenche decorativamente as fissuras e os abismos da vida aquém e transforma a matéria da vida — graças à homogeneidade dinâmica de toda verdadeira obra de arte — numa substância igualmente tecida de sombras. Nas epopeias homéricas, o império da categoria puramente humana da vida englobava tanto homens quanto deuses, fazendo desses últimos puros seres humanos. Com a mesma onipotência, o inapreensível princípio divino rege aqui a vida humana e a sua carência de um complemento que aponte para além de si mesma; essa bidimensionalidade priva o homem de relevo, transformando-o em pura superfície.

Essa irracionalidade segura e íntegra de todo o cosmos configurado faz com que a sombra lampejante de deus apareça como algo demoníaco: da perspectiva dessa vida, não pode ele ser concebido nem classificado, e portanto não pode revelar-se como deus; e porque a configuração está fundada na vida aquém, não é possível, como em Dante, descobrir e descortinar a partir de deus a unidade constitutiva de toda a existência. Os romances de cavalaria, contra os quais investe o *Dom Quixote* como polêmica e paródia, perderam essa relação transcendente, e uma vez perdida essa mentalidade — a menos que todo o universo, como em Ariosto, se tornasse um jogo ironicamente belo e puro —, a superfície misteriosa e feérica teve de converter-se em algo banalmente superficial. A crítica configuradora de Cervantes dessa trivialidade reencontra o caminho para as fontes histórico-filosóficas desse tipo formal: a existência subjetivamente não apreensível e objetivamente afiançada da ideia transformou-se numa existência subjetivamente clara e fanaticamente segura, mas despida de toda a relação objetiva; do deus que, graças à inadequação do material que o acolhe, podia somente aparecer como um demônio, fez-se na verdade um demônio, arrogando para si o papel de deus no mundo abandonado pela providência e carente de orientação transcendental. E o mundo que ele tem em vista é o mesmo que antes fora transformado por deus num jardim mágico perigoso, mas repleto de maravilhas, só que agora, enfeitiçado em prosa por maus demônios, o mundo aspira a quebrar o feitiço através do pio heroísmo; aquilo de que, no mundo dos contos de fadas, bastava precaver-se para não romper o sortilégio benigno, tornou-se aqui ação positiva, luta pelo paraíso existente da realidade feérica, à espera apenas de uma palavra redentora.

Assim, esse primeiro grande romance da literatura mundial situa-se no início da época em que o deus do cristianismo começa a deixar o mundo; em que o homem torna-se solitário e é capaz de encontrar o sentido e a substância apenas em sua alma, nunca aclimatada em pátria alguma; em que o mundo, liberto de suas amarras paradoxais no além presente, é abandonado a sua falta de sentido imanente; em que o poder do que subsiste — reforçado por laços utópicos, agora degradados à mera existência — assume proporções inauditas e move uma guerra encarniçada e aparentemente sem propósito contra as forças insurgentes, ainda inapreensíveis, incapazes de se autodesvelarem e de penetrarem o mundo. Cervantes vive no período do último, grande e desesperado misticismo, da tentativa fanática de renovar a religião agonizante a partir de si mesma; no período da nova visão de mundo, emergente em formas místicas; no derradeiro perío-

O idealismo abstrato

do das aspirações verdadeiramente vividas, mas já desorientadas e ocultas, tateantes e tentadoras. É o período do demonismo à solta, o período da grande confusão de valores num sistema axiológico ainda em vigência. E Cervantes, o cristão devoto e o patriota ingenuamente leal, atingiu, pela configuração, a mais profunda essência desta problemática demoníaca: que o mais puro heroísmo tem de tornar-se grotesco e que a fé mais arraigada tem de tornar-se loucura quando os caminhos para uma pátria transcendental tornaram-se intransitáveis; que a mais autêntica e heroica evidência subjetiva não corresponde obrigatoriamente à realidade. É a profunda melancolia do curso histórico, do transcorrer do tempo, que se expressa no fato de as atitudes eternas e os conteúdos eternos perderem o sentido uma vez passado seu tempo; de o tempo poder passar por cima do que é eterno. É a primeira grande batalha da interioridade contra a infâmia prosaica da vida exterior,[4] e a única batalha em que ela consegue não somente retirar-se do combate imaculada, mas também envolver seu próprio adversário vitorioso no brilho de sua poesia vitoriosa, ainda que sem dúvida autoirônica.

Dom Quixote, como aliás quase todo o romance verdadeiramente grande, teve de permanecer a única objetivação significativa de seu tipo. Essa mescla de poesia e ironia, de sublime e grotesco, de divindade e monomania ligava-se tão fortemente à posição do espírito existente na época que o mesmo tipo de estrutura espiritual teria de mostrar-se diversamente, e jamais com

---

[4] Ver, por exemplo, a célebre frase de Hegel: "No sentido moderno, o romance pressupõe uma realidade já ordenada em *prosa* [...]. Uma das colisões mais comuns e condizentes ao romance é portanto o conflito entre a poesia do coração e a prosa das relações que a ela se opõe". G. W. F. Hegel, *Vorlesungen über die Aesthetik*, Jubiläumsausgabe, vol. III, Stuttgart, 1964, p. 395. (N. do T.)

a mesma significação épica, em eras diversas. Os romances de aventura, que lhe adotaram a forma puramente artística, tornaram-se tão vazios de ideias quanto os seus predecessores imediatos, os romances de cavalaria. Também eles perderam a única tensão frutífera, a tensão transcendental, e substituíram-na por uma puramente social, ou descobriram o princípio motor da ação num prazer da aventura pela aventura. Num caso como no outro, apesar do talento realmente notável de alguns desses escritores, não se pôde evitar uma trivialidade última, uma aproximação cada vez maior do grande romance à leitura de entretenimento e a derradeira fusão de ambos. À medida que o mundo se torna cada vez mais prosaico, à medida que os demônios ativos abandonam a cena dos combates, deixando a uma massa informe a resistência surda contra toda a interioridade, surge o dilema para o estreitamento demoníaco da alma: desistir de toda a relação com o complexo "vida" ou de suas raízes imediatas no verdadeiro mundo das ideias.

O primeiro caminho foi trilhado pelo grande drama do idealismo alemão. O idealismo abstrato perdeu toda a relação com a vida, por mais inadequada que fosse; para sair de sua subjetividade e pôr-se à prova na luta e na ruína, lhe foi preciso a pura esfera essencial do drama: para mundo e interioridade, o desencontro de suas ações tornou-se tão grande que só permitiu configurar como totalidade uma realidade dramática organizada e construída expressamente para a sua unificação. A tentativa artisticamente tão relevante de Kleist em *Michael Kohlhaas*[5] mos-

---

[5] "[...] Kohlhaas não é mais o personagem ideal como o tipo de Lessing e Schiller, para cujos ideais o mundo, na melhor das hipóteses, não está maduro, mas sim um tipo cujo estado psíquico avizinha-se da patologia, um tipo monomaníaco. E há algo de semelhante em todos os personagens de Kleist, personagens cujo *pathos* empenha-se cegamente por um objetivo. Esse *pathos* começa a perder a in-

O idealismo abstrato

tra o quanto, para a situação do mundo da época, a psicologia do herói tinha de converter-se em pura patologia individual, a forma épica em novelística. Nesta, como em toda figuração dramática,[6] a profunda interpenetração de sublime e grotesco tem de desaparecer para dar lugar à pura sublimidade: o agravamento da monomania e o excesso de abstração — o idealismo torna-se necessariamente cada vez mais delgado e sem conteúdo, cada vez com mais força um idealismo "em geral"[7] — é tão grande

---

destrutibilidade da ideologia que o sustenta; ele se mantém de pé, sem nenhum fundamento, como uma força propulsora meramente dinâmica, como mero fato psíquico. [...] nele se mesclam o mais sublime autossacrifício e o mais patente egoísmo, numa unidade indissociável" (*EmD*, pp. 144 ss.). (N. do T.)

[6] Sobre a proximidade entre drama trágico e novela, ver "Posfácio", pp. 211--2. Nos tempos modernos, sem poder contar com uma mitologia que lhe dê sustento, o drama deposita todo o seu peso no personagem isolado, de quem tudo deve provir. Ora, "ao impingir uma vida psíquica de complicada urdidura a umas poucas linhas gerais, o personagem, concebido talvez como normal por natureza, sucumbe facilmente ao patológico, devido à unilateralidade do destino" (*SuF*, p. 176); "a motivação centrada puramente no personagem, a interioridade exclusiva do destino [...] sempre impelem o personagem às raias da patologia" (*EmD*, p. 118). Já no romance, tudo quanto vem de fora — o destino — ainda pode ser representado em sua trivialidade decomposta em milhares de partículas; não é preciso, ao contrário da concentração e da elevação próprias ao drama, que o destino transite para o interior dos personagens e os torne patológicos. "Dessa perspectiva seria interessante, por exemplo, confrontar Madame Bovary com Hedda Gabler" (*EmD*, p. 119). (N. do T.)

[7] "Cegueira e egoísmo são as duas faces do sentimento moral que se revelam nas ações; elas são as formas de manifestação da alma do homem abstrato, tão logo ele tenha de agir, tão logo a ordem de sua moralidade fortemente impregnada e inabalável, e que nele se acha de prontidão, entre em contato com a ordem das coisas e dos fatos concretos, palpáveis" (*EmD*, p. 140). Como cita Lukács, isso talvez seja expresso com a máxima clareza pela mãe ao despedir-se do filho que

A teoria do romance

que os personagens beiram as raias da comicidade involuntária, e a menor tentativa de considerá-los ironicamente os transforma, ao suprimir o sublime, em desagradáveis figuras cômicas. (Brand, Stockmann e Gregers Werle são exemplos estarrecedores dessa possibilidade.)[8] Eis por que o mais legítimo neto de Dom

---

parte para a guerra — professando uma ideologia revolucionária abstrata — no *Pippa-Passes* de Browning:

> "Well, you shall go. Yet seems this patriotism
> The easiest virtue for a selfish man
> To acquire: he loves himself — and next, the world —
> If he must love beyond, — but nought between:
> As a short-sighted man sees nought midway
> His body and the sun above" (*EmD*, p. 140). (N. do T.)

[8] Personagens, respectivamente, das peças *Brand* (1865), *Um inimigo do povo* (1882) e *O pato selvagem* (1884), de Ibsen. "[...] a essência de sua [da figura do idealismo abstrato] estrutura anímica consiste justamente em impelir tudo até o extremo, não ver nada da realidade e considerar todas as outras pessoas como meio para seus objetivos. [...] O ponto de vista do herói encontra-se tão acima daqueles que lhe fazem frente que não se pode falar de uma verdadeira luta trágica e dramática entre eles. A luta desenrola-se no vácuo, no vazio do nada, e quando eles se opõem, o antagonismo entre ambos os extremos é tão grotesco que é inevitável a comicidade" (*EmD*, p. 251). Ao passar em revista os heróis ibsenianos, vê-se que "[a] dissonância entre a vontade e a impossibilidade de satisfazê-la torna-se necessariamente cômica quando se encontram duas forças inteiramente heterogêneas, que não mantêm nenhuma relação mútua. Nada é mais risível no mundo do relativismo que o absoluto, diz Kierkegaard, o patriarca espiritual do 'tudo ou nada' de Brand. [...] E toda a luta de Stockmann e Gregers desdobra-se à beira do ridículo" (*EmD*, p. 252). Embora seja deixado de fora da lista, Peer Gynt é lembrado como o primeiro idealista a converter-se em tragicômico, o que traria resultados marcantes para a carreira futura dos heróis. Ele teria ocupado, da perspectiva evolutiva dos tipos heroicos, a "mesma posição, na *débâcle* dos idealistas modernos, que Dom Quixote na dos idealistas da Idade Média" (*EmD*, p. 250). (N. do T.)

O idealismo abstrato

Quixote, o Marquês de Posa,[9] vive numa forma inteiramente diversa da de seu ancestral, e os problemas do destino artístico dessas almas tão profundamente aparentadas não têm absolutamente mais nada em comum.

Mas se o estreitamento da alma é algo puramente psicológico, se ela perdeu toda a relação visível com a existência do mundo das ideias, então lhe escapou também a capacidade de tornar-se o centro portador de uma totalidade épica; a inadequação entre homem e mundo exterior aumenta ainda mais em intensidade, porém à inadequação de fato, que no *Dom Quixote* era apenas a contrapartida grotesca de uma adequação continuamente exigida e exigível como dever-ser, soma-se ainda a incomensurabilidade de ideias: o contato tornou-se puramente periférico e o homem assim constituído, uma necessária figura acessória, que orna e ajuda a expandir a totalidade, mas que é sempre apenas peça integrante, nunca o centro. O perigo artístico que resulta dessa situação reside no fato de o centro a ser buscado agora ter de ser algo significativo e que realce o valor, porém que não transcenda a imanência da vida. A mudança da atitude transcendental tem como consequência artística, pois, que a fonte do humor não seja mais a mesma que a da poesia e do sublime. Os homens grotescamente configurados ou são rebaixados à comicidade inofensiva ou o estreitamento de sua alma, sua concentração ani-

---

[9] Personagem de *Dom Carlos, infante da Espanha* (1787), drama de Schiller. "[...] o verdadeiro conteúdo da tragédia de Posa [...] é, de um lado, o dilaceramento da ideologia em contato com a incerteza e a eterna irracionalidade dos fatos e, de outro, a falência do egoísmo cego de Posa (o próprio Schiller fala de 'arbítrio despótico'), que considera todos os homens e todas as relações humanas apenas como meio para o seu objetivo supremo" (*EmD*, p. 140). Lukács traça uma linha que vincula expressamente o fanático libertário de Schiller, passando pelos personagens de Hebbel, até os heróis de Ibsen (cf. *EmD*, pp. 250 ss.). (N. do T.)

A teoria do romance

quiladora de todo o resto sobre um ponto da existência, que no entanto nada mais tem a ver com o mundo das ideias, tem de levá-los ao puro demonismo e fazer deles, ainda que tratados humoristicamente, representantes do mau princípio ou da pura ausência de ideias. Essa negatividade dos personagens artisticamente mais importantes requer um contrapeso positivo e — para a profunda desventura do romance humorístico moderno — esse "positivo" pôde ser somente a objetivação do decoro burguês. Isso porque uma verdadeira relação desse "positivo" com o mundo das ideias teria de romper a imanência do sentido à vida, e portanto a forma romanesca; mesmo Cervantes (e, de seus sucessores, talvez Sterne) só pôde produzir a imanência justamente pela unidade entre humor e sublimidade, entre estreitamento da alma e relação com a transcendência. Eis aqui o fundamento artístico que faz os romances de Dickens, tão infinitamente ricos em personagens humorísticos, parecerem em última análise tão rasteiros e pequeno-burgueses: a necessidade de configurar como heróis tipos ideais de uma humanidade que se acomoda, sem conflitos internos, à sociedade burguesa contemporânea e de envolver, em prol de seu efeito poético, as qualidades requeridas para tanto com o duvidoso brilho da poesia, um brilho forçado ou para ela inadequado. Eis por que, ao que tudo leva a crer, *Almas mortas* de Gógol permaneceu um fragmento: era impossível encontrar de antemão para o personagem Tchitchikov, artisticamente tão feliz e fecundo embora "negativo", um contrapeso "positivo"; e para a criação de uma verdadeira totalidade exigida pela autêntica mentalidade épica de Gógol um tal contrapeso era imprescindivelmente necessário: sem ele seu romance não poderia alcançar nenhuma objetividade épica, nenhuma realidade épica, e teria de permanecer um aspecto subjetivo, uma sátira ou um panfleto.

O mundo externo tornou-se tão exclusivamente convencional que tudo, positivo e negativo, humorístico e poético, desenro-

O idealismo abstrato

la-se apenas no interior dessa esfera. O demoniacamente humorístico não é outra coisa senão o exagero distorcido de certos aspectos da convenção, ou sua negação ou combate imanentes, e portanto igualmente convencionais; e o "positivo" é o poder de acomodar--se a ela, a aparência de uma vida orgânica no interior das fronteiras meticulosamente determinadas pela convenção. (Não se confunda essa convencionalidade do romance humorístico moderno, condicionada materialmente de modo histórico-filosófico, com o significado da convenção exigida pela forma — e portanto atemporal — na comédia dramática. Para esta, as formas convencionais da vida social são apenas desfechos simbólico-formais da esfera essencial intensivamente integrada do drama. O casamento entre todas as figuras principais, exceto os hipócritas e vilões desmascarados, que dá fecho às grandes comédias é uma cerimônia tão puramente simbólica quanto a morte dos heróis ao final da tragédia: ambos nada mais são que marcos patentes das fronteiras, contornos precisos requeridos pela essencialidade estatuária da forma dramática. É característico que, com o fortalecimento da convenção na vida e na épica, as comédias recebam desenlaces cada vez menos convencionais. *A bilha quebrada* e *O inspetor geral* ainda podem fazer uso da antiga forma do desmascaramento; *A parisiense*[10] — sem falar das comédias de Hauptmann ou Shaw — já é tão sem contorno e arremate quanto as tragédias contemporâneas que terminam sem morte.)

Balzac trilhou um caminho totalmente diverso rumo à imanência puramente épica. Para ele, o demonismo subjetivo-psicológico aqui caracterizado é algo absolutamente último: é o princípio de toda a ação humana essencial que se objetiva em

---

[10] *A bilha quebrada* (1808), de Heinrich von Kleist; *O inspetor geral* (1836), de Nikolai Gógol; *A parisiense* (1885), de Henri Becque. (N. do T.)

A teoria do romance

feitos épicos; a sua relação inadequada com o mundo objetivo é agravada à máxima intensidade, porém esse agravamento experimenta um contragolpe de pura imanência: o mundo externo é puramente humano e, no essencial, acha-se povoado de homens que revelam uma estrutura espiritual semelhante, embora com orientações e conteúdos inteiramente diversos. Assim é que essa inadequação demoníaca, essa série infinda de almas agindo fatalmente umas ao largo das outras, torna-se a essência da realidade; surge aquele curioso, infinito e intrincado dédalo da tessitura de destinos e almas solitárias que constitui a peculiaridade desses romances. Por meio dessa homogeneidade paradoxal da matéria, que resulta da extrema heterogeneidade de seus elementos, salva-se a imanência do sentido. O perigo de uma infinitude má e abstrata é superado pela grande concentração novelística dos acontecimentos e pela significação autenticamente épica assim alcançada.

Essa vitória definitiva da forma, no entanto, é conquistada somente em cada narrativa isolada, e não na *Comédia humana* como um todo. É verdade que seus pressupostos acham-se presentes: a unidade grandiosa de sua matéria que tudo abarca. Essa unidade também não é apenas realizada pela recorrente aparição e imersão dos personagens no infinito caos dessas narrativas, mas encontra um modo de manifestação perfeitamente adequado à essência mais íntima dessa matéria: o da irracionalidade caótica e demoníaca; e o conteúdo que preenche essa unidade é o da autêntica e grande épica: a totalidade de um mundo. Mas tal unidade, em última instância, não nasce puramente da forma: o que faz do todo um verdadeiro todo é apenas a vivência de um estado de ânimo cujo fundamento de vida é comum e o reconhecimento de que essa vivência corresponde à essência da vida atual. Epicamente configurado é somente o detalhe, o todo é apenas reunido; a má infinitude, superada em cada parte, volta-se contra

O idealismo abstrato

o todo como configuração épica unitária: sua totalidade assenta-se em princípios que transcendem a forma épica, em atmosfera e conhecimento, não em ação e heróis, e por isso não pode ser perfeita e integrada em si mesma. Nenhuma parte, vista a partir do todo, tem uma necessidade real e orgânica de existência; poderia ela faltar e o todo nada perderia, inúmeras partes novas poderiam agregar-se e nenhuma perfeição interna as descartaria como supérfluas. Essa totalidade é a intuição de um contexto de vida que se faz sentir como grande pano de fundo lírico por trás de cada narrativa isolada; esse contexto não é problemático e conquistado a duras penas como o dos grandes romances, é antes — em sua natureza lírica, transcendente à épica — ingênuo e aproblemático; ora, o que o torna insuficiente para a totalidade romanesca permite-lhe ainda menos constituir seu mundo como epopeia.

Todas essas tentativas de configuração têm em comum o caráter estático da psicologia; o estreitamento da alma é dado invariavelmente como *a priori* abstrato. Eis por que era natural que o romance do século XIX, com suas tendências à mobilidade psicológica e à solução psicologista, se afastasse cada vez mais desse tipo e procurasse o motivo para a inadequação entre alma e realidade em orientações opostas. Somente um grande romance, *Lykke-Per*, de Pontoppidan,[11] representa a tentativa de conferir

---

[11] Henrik Pontoppidan (1857-1943), romancista dinamarquês ganhador do Prêmio Nobel de 1917, escreveu *Lykke-Per* — citado no original em alemão com o título de *Hans im Glück* — entre 1898 e 1904, em três volumes. Clérigo rebelde, o protagonista deixa a atmosfera puritana de sua terra natal para tentar a sorte na capital, como engenheiro. Sem conseguir, porém, livrar-se de seu passado religioso, ele abandona as veleidades de riqueza e sucesso, deixa a noiva judia e, após um casamento desastroso, acaba a vida em completa solidão. (N. do T.)

posição central a essa estrutura anímica e retratá-la em movimento e evolução. Através dessa problemática dá-se um modo de composição inteiramente novo: o ponto de partida, o vínculo absolutamente seguro entre o sujeito e a essência transcendente, torna-se o objetivo último, e a tendência demoníaca da alma de separar-se completamente de tudo quanto não corresponda a tal apriorismo torna-se uma tendência efetiva. Enquanto no *Dom Quixote* o fundamento de toda a aventura era a certeza íntima do herói e a atitude inadequada do mundo com relação a ela, de modo que ao demoníaco cabia um papel positivo e dinâmico, aqui a unidade entre fundamento e objetivo permanece oculta; a falta de correspondência entre alma e realidade torna-se misteriosa e, ao que parece, totalmente irracional, pois o estreitamento demoníaco da alma revela-se apenas negativamente, no ter de abrir mão de tudo quanto conquista por nunca ser "aquilo" de que precisa, por ser mais amplo, mais empírico e mais vivo do que aquilo de que a alma partiu em busca. Enquanto lá a perfeição do ciclo da vida era a repetição variegada da mesma aventura e o seu ampliar-se em centro que tudo contém da totalidade, aqui o movimento da vida segue uma direção clara e determinada rumo à pureza da alma que chegou a si mesma, que aprendeu com suas aventuras que somente ela própria — num rígido encerramento em si mesma — pode corresponder a seu instinto mais profundo e que tudo domina; que toda vitória sobre a realidade é uma derrota para a alma, já que a enreda cada vez mais, até a ruína, no que é alheio a sua essência; que toda renúncia a um fragmento conquistado à realidade é na verdade uma vitória, um passo rumo à conquista do eu livre de ilusões. Por isso a ironia de Pontoppidan está em permitir que seu herói triunfe por toda parte, embora uma força demoníaca obrigue-o a encarar as coisas que conquista como sem valor e impróprias, e abandoná-las tão logo as possua. E a curiosa tensão interna surge do fato

O romantismo da desilusão

de só se poder revelar o significado desse demonismo negativo ao final, com a consumada resignação do herói, para emprestar a toda vida uma clareza retrospectiva da imanência do sentido. A transcendência desse desfecho, que se tornou clara, e sua harmonia preestabelecida com a alma — harmonia que aqui se torna visível — lançam uma luz de necessidade em cada erro precedente, e de fato, vistos a partir deles, a relação dinâmica entre alma e mundo sofre uma reviravolta: é como se o herói tivesse permanecido sempre o mesmo e, como tal, repousando em si, houvesse contemplado o desfile de acontecimentos; é como se toda a ação tivesse consistido somente em que fossem erguidos os véus que encobriam essa alma. O caráter dinâmico da psicologia é desvendado como mero dinamismo aparente, porém só depois — e nisso reside a grande maestria de Pontoppidan — que ela possibilitou, com sua aparência de movimento, a viagem por uma totalidade de vida viva e dinâmica. Daí resulta a posição isolada dessa obra entre os romances modernos, o seu rigoroso apego à ação norteado pelos antigos, a sua abstinência de toda mera psicologia e, em termos de estado de ânimo, a enorme distância que há entre a resignação como sentimento último desse romance e o romantismo decepcionado de outras obras contemporâneas.

2. O romantismo da desilusão

Para o romance do século XIX, o outro tipo de relação necessariamente inadequada entre alma e realidade tornou-se mais importante: a inadequação que nasce do fato de a alma ser mais ampla e mais vasta que os destinos que a vida lhe é capaz de oferecer. A diferença estrutural decisiva que daí resulta é que não se trata aqui de um *a priori* abstrato em relação à vida, o qual deseja realizar-se em ações e cujos conflitos com o mundo exterior rendem a fábula, mas sim de uma realidade puramente interior, repleta de conteúdo e mais ou menos perfeita em si mesma, que entra em disputa com a realidade exterior, tem uma vida própria rica e dinâmica — que se considera, em espontânea autoconfiança, a única realidade verdadeira, a essência do mundo —, e cuja inútil tentativa de realizar essa equiparação confere à composição literária o seu objeto. Trata-se aqui, portanto, de um *a priori* concreto, qualitativo e pleno de conteúdo em relação ao mundo exterior, da luta entre dois mundos, e não entre a realidade e o *a priori* em geral. Ora, o descompasso entre interioridade e mundo torna-se, assim, ainda mais forte. O aspecto cósmico da interioridade a faz repousar em si, autossuficiente: o idealismo abstrato, para de algum modo poder existir, tinha de converter-se em ação e entrar em conflito com o mundo exterior, enquanto aqui a possibilidade de uma evasão não parece excluída desde o início. Pois uma vida capaz de produzir todos os conteúdos da vida por si própria pode ser integrada e perfeita, ainda que jamais entre em contato com a realidade externa e alheia. Para a estrutura psíquica do idealismo abstrato, era característica uma atividade desmedida e em nada obstruída rumo ao mundo exterior, enquanto aqui existe mais uma tendência à passividade — a tendência de esquivar-se de lutas e conflitos externos, e não acolhê-los, a tendência de liquidar na alma tudo quanto se reporta à própria alma.

Nessa possibilidade, sem dúvida, reside a problemática decisiva dessa forma romanesca: a perda do simbolismo épico, a dissolução da forma numa sucessão nebulosa e não configurada de estados de ânimo e reflexões sobre estados de ânimo, a substituição da fábula configurada sensivelmente pela análise psicológica. Tal problemática é intensificada ainda mais pelo fato de o mundo exterior que trava contato com essa interioridade, em

O romantismo da desilusão

correspondência com a relação de ambos, ter de ser plenamente atomizado ou amorfo, ou em todo caso vazio de todo o sentido. É um mundo plenamente regido pela convenção, a verdadeira plenitude do conceito de segunda natureza: uma síntese de leis alheias ao sentido, nas quais não se pode encontrar nenhuma relação com a alma. Com isso, entretanto, todas as objetivações da vida social próprias às estruturas perdem todo o significado para a alma. Nem sequer seu significado paradoxal, como materialização e palco necessário dos acontecimentos, apesar de uma inessencialidade do núcleo essencial último, pode ser resguardado; a profissão perde toda importância para o destino intrínseco do homem isolado, assim como o casamento, a família e a classe, para o destino de suas relações mútuas. Dom Quixote seria impensável sem a sua filiação à cavalaria, e o seu amor, sem a convenção trovadoresca da adoração; na *Comédia humana*, a obsessão demoníaca de todos os homens concentra-se e objetiva-se nas estruturas da vida social, e mesmo quando estas são desmascaradas no romance de Pontoppidan como inessenciais à alma, é justamente a luta em torno delas — a percepção de sua inessencialidade e a luta por sua rejeição — que constitui o processo da vida que preenche a ação da obra. Ora, aqui cada uma dessas relações está desde o início interrompida. Isso porque a elevação da interioridade a um mundo totalmente independente não é um mero fato psicológico, mas um juízo de valor decisivo sobre a realidade: essa autossuficiência da subjetividade é o seu mais desesperado gesto de defesa, a renúncia de toda a luta por sua realização no mundo exterior — uma luta encarada já *a priori* como inútil e somente como humilhação.

Essa postura é uma intensificação tão extrema do lírico que se torna incapaz até mesmo de uma expressão puramente lírica. Pois também a subjetividade lírica conquista para seus símbolos o mundo externo; ainda que este seja autocriado, ele é o único

A teoria do romance

possível, e ela, como interioridade, jamais se opõe de maneira polêmico-repreensiva ao mundo exterior que lhe é designado, jamais se refugia em si mesma para esquecê-lo, mas antes, conquistando arbitrariamente, colhe os fragmentos desse caos atomizado e os funde — fazendo esquecer todas as origens — no recém-surgido cosmos lírico da pura interioridade. A interioridade épica, porém, é sempre refletida, realiza-se de um modo consciente e distante, ao contrário da ingênua falta de distanciamento da autêntica lírica. Por isso os seus meios de expressão são secundários: estado de ânimo e reflexão — meios de expressão que, a despeito da aparente semelhança, são absolutamente alheios à essência da pura lírica. É verdade que estado de ânimo e reflexão são elementos estruturais constitutivos da forma romanesca, mas o seu significado formal é determinado justamente pelo fato de o sistema regulativo de ideias que serve de base para toda a realidade poder neles revelar-se e ser configurado através de sua mediação; pelo fato, pois, de eles terem uma relação positiva, embora problemática e paradoxal, com o mundo exterior. Convertido num fim em si mesmo, seu caráter não literário tem de manifestar-se de modo gritante, decompondo toda a forma.

Mas esse problema estético é um problema ético em sua raiz última; a sua solução artística, portanto, tem como pressuposto — em correspondência com as leis formais do romance — a superação da problemática ética que lhe dá causa. A questão hierárquica do vínculo recíproco de subordinação entre as realidades interna e externa é o problema ético da utopia: a questão de em que medida a possibilidade de pensar um mundo melhor justifica-se eticamente, em que medida é possível construir sobre ele, como ponto de partida da configuração da vida, uma vida que seja perfeita em si e não apresente, como diz Hamann, um buraco em vez de um final. Do ponto de vista da forma épica, assim se deve formular esse problema: pode essa correção fechada

O romantismo da desilusão

da realidade ser convertida em ações que, independentemente do sucesso ou fracasso externo, comprovem o direito do indivíduo a essa arbitrariedade; que não comprometam a intenção a partir da qual elas foram postas em prática? A criação puramente artística de uma realidade que corresponda a esse mundo de sonhos ou que pelo menos lhe seja mais adequada que o mundo de fato existente é apenas uma solução ilusória. Pois a aspiração utópica da alma só é legítima, só é digna de tornar-se o centro de uma configuração do mundo, se for absolutamente incapaz de satisfazer-se na presente situação do espírito, ou, o que dá no mesmo, num mundo presentemente imaginável ou configurável, quer seja passado ou mítico. Caso se encontre um mundo da satisfação,[12] isso provará que o descontentamento com o presente era uma critiquice artística de suas formas externas, um fascínio decorativo por tempos que permitem um traçado mais generoso ou um resplendor cromático mais variegado. Essa aspiração, sem dúvida, pode ser satisfeita, mas sua satisfação denuncia-lhe o vazio interno na falta de ideias da configuração, tal como vem à luz, por exemplo, nos romances tão bem narrados de Walter Scott. Do contrário, a fuga do presente de nada serve ao problema decisivo; na configuração distanciada, seja ela monumental ou decorativa, os mesmos problemas são verificados — criando muitas vezes dissonâncias profundas e artisticamente insolúveis entre gesto e alma, fortuna externa e destino interno. *Salammbô* ou os romances de C. F. Meyer, de matriz antes novelística, são dois exemplos característicos. O problema estético, a transformação de estado de ânimo e reflexão, de lirismo e psicologia em autênticos meios de expressão épicos concentra-se, por isso, em torno do problema ético básico, da questão da ação necessária e possí-

---

[12] Em alemão, *Erfüllung*. (N. do T.)

vel. O tipo humano dessa estrutura anímica é em sua essência mais contemplativo que ativo: sua configuração épica, portanto, depara-se com o problema de como esse recolhimento-em-si ou essa ação hesitante e rapsódica é capaz de converter-se em atos; a sua tarefa é descobrir, pela configuração, o ponto de contato da existência, do modo de ser necessários desse tipo, e do seu necessário fracasso.

A predeterminação absoluta do malogro é o outro obstáculo objetivo da pura configuração épica: seja essa fatalidade afirmada ou negada, lastimada ou escarnecida, o perigo de uma postura lírico-subjetiva diante dos acontecimentos, em vez da pura recepção e reprodução épico-normativas, é sempre muito mais iminente do que no caso de uma batalha menos intrinsecamente decidida de antemão. É o estado de ânimo do romantismo da desilusão que porta e alimenta esse lirismo. Uma sofreguidão excessiva e exorbitante pelo dever-ser em oposição à vida e uma percepção desesperada da inutilidade dessa aspiração; uma utopia que, desde o início, sofre de consciência pesada e tem certeza da derrota. E o decisivo nessa certeza é o seu vínculo indissolúvel com a consciência moral,[13] a evidência de que o fracasso é uma consequência necessária de sua própria estrutura interna, de que ela, em sua melhor essência e em seu valor supremo, está fadada à morte. Eis por que a postura tanto em face do herói quanto do mundo externo é lírica: o amor e a acusação, a tristeza, a compaixão e o escárnio.

A importância intrínseca do indivíduo atingiu o ápice histórico: ele não é mais significativo, a exemplo do idealismo abstrato, como portador de mundos transcendentes, mas porta seu valor exclusivamente em si mesmo; de fato, os valores da existência pa-

---

[13] Em alemão, *Gewissen*. (N. do T.)

recem antes haurir a justificação da sua validade a partir de sua vivência subjetiva, de seu significado para a alma do indivíduo.

> Si l'arche est vide où tu pensais trouver ta loi,
> Rien n'est réel que ta danse:
> Puisqu'elle n'a pas d'objet, elle est impérissable.
> Danse pour le désert et danse pour l'espace.

Henri Franck

O pressuposto e o preço dessa elevação desmedida do sujeito é no entanto a renúncia a todo papel na configuração do mundo exterior. O romantismo da desilusão sucede ao idealismo abstrato não apenas no tempo e na história, mas é também conceitualmente o seu herdeiro, o degrau seguinte, em termos histórico-filosóficos, no utopismo *a priori*: naquele, o indivíduo, portador da exigência utópica à realidade, foi esmagado pela força bruta dessa última; neste, essa derrota é o pressuposto da subjetividade. Naquele, da subjetividade aflorou o heroísmo combativo da interioridade; neste, o homem obtém a habilitação para herói, personagem central da criação literária,[14] em virtude de sua aptidão intrínseca de vivenciar e configurar a vida à semelhança do escritor. Naquele, o mundo exterior devia ser recriado à imagem dos ideais; neste, uma interioridade que se aperfeiçoa como criação literária exige do mundo exterior que ele se consagre a ela como material apropriado à configuração de si mesma. No Romantismo, o caráter literário de todo o apriorismo em face da realidade torna-se consciente: o eu, destacado da transcendência, reconhece em si a fonte de todo o dever-ser e — como consequência necessária — reconhece-se como o único material dig-

---

[14] Em alemão, *Dichtung*. (N. do T.)

A teoria do romance

no de sua realização. A vida faz-se criação literária, mas com isso o homem torna-se ao mesmo tempo o escritor de sua própria vida e o observador dessa vida como uma obra de arte criada. Essa dualidade só pode ser configurada liricamente. Tão logo ela seja inserida numa totalidade coerente, revela-se a certeza do malogro: o Romantismo torna-se cético, decepcionado e cruel em relação a si mesmo e ao mundo; o romance do sentimento de vida romântico é o da criação literária desiludida. A interioridade, a que se nega todo o caminho de atuação, conflui em si mesma, mas jamais pode renunciar em definitivo ao perdido para sempre; pois, mesmo que o queira, a vida lhe nega toda a satisfação dessa sorte: ela a força a lutas e, com estas, a derrotas inevitáveis, previstas pelo escritor, pressentidas pelo herói.

Dessa circunstância resulta um descomedimento romântico em todos os sentidos. Descomedidamente, a riqueza interna do puramente psicológico é elevada à única essencialidade, e, com uma inexorabilidade igualmente descomedida, revela-se a insignificância de sua existência no todo do mundo; o isolamento da alma, a sua insularidade em relação a todo apoio e todo vínculo, agrava-se até o descomedido, e ao mesmo tempo o fato de esse estado da alma depender justamente dessa situação do mundo é aclarado com luzes impenitentes. Aspira-se, composicionalmente, a um máximo de continuidade, pois somente na subjetividade imperturbada pelo exterior há existência; a realidade desintegra-se, contudo, em fragmentos absolutamente heterogêneos entre si, que nem sequer isolados, como as aventuras no *Dom Quixote*, possuem validade de existência autônoma para os sentidos. Eles vivem somente da graça do estado de ânimo em que são experimentados, mas esse próprio estado de ânimo é desnudado pelo todo em sua nulidade reflexiva. Assim, tudo aqui tem de ser negado, pois cada afirmação suprime o equilíbrio oscilante das forças: a afirmação do mundo daria razão ao filisteísmo vazio de ideias, à obtusa capacidade de acomodação a essa realidade, e permitiria surgir uma sátira fácil e barata; e a afirmação inequívoca da interioridade romântica teria de suscitar uma volúpia amorfa de um psicologismo lírico, que se adora frivolamente e espelha--se com vaidade. Ora, ambos os princípios da configuração do mundo são por demais antagônicos em sua heterogeneidade para ser simultaneamente afirmados, como pode ser o caso de romances dotados da possibilidade de transcender rumo à epopeia; e uma negação de ambos, o único caminho dado à configuração, renova e potencializa o perigo básico desse tipo de romance: a autodissolução da forma num desalentado pessimismo. O resultado necessário da psicologia como meio de expressão dominante: a corrupção de todo o valor humano que se sabe incondicional, o desvendamento de sua nulidade última; e o resultado igualmente necessário da primazia do estado de ânimo: a tristeza impotente diante de um mundo em si inessencial, a refulgência monótona e ineficaz de uma superfície em decomposição — tais são os aspectos puramente artísticos dessa situação de fato.

Toda a forma tem de ser em algum ponto positiva para, como forma, receber substância. O paradoxo do romance mostra sua grande questionabilidade no fato de a situação do mundo e o tipo humano que mais lhe correspondem às exigências formais, para as quais ele é a única forma adequada, imporem à configuração tarefas quase insolúveis. O romance da desilusão de Jacobsen, que exprime em maravilhosas imagens líricas a tristeza pelo fato de "haver no mundo tanta sutileza sem sentido", desintegra-se e desvanece; e a tentativa do escritor de encontrar uma desesperada positividade no ateísmo heroico de Niels Lyhne,[15]

---

[15] *Niels Lyhne* (1880), romance de Jens Peter Jacobsen (1847-1885). (N. do T.)

na ousada aceitação de seu necessário isolamento, surte o efeito de um auxílio trazido de fora da própria criação literária. Pois essa vida, que deveria ter-se tornado criação literária e resultou em mau fragmento, torna-se efetivamente uma pilha de escombros na configuração; a crueldade da desilusão pode somente depreciar o lirismo dos estados de ânimo, mas aos homens e aos acontecimentos não pode emprestar a substância e o peso da existência. Resta um belo mas esbatido amálgama de volúpia e amargura, de mágoa e escárnio, mas não uma unidade; imagens e aspectos, mas não uma totalidade de vida. E a tentativa de Gontcharov de inserir numa totalidade, por meio de um personagem positivo de contraste, a figura grandiosa, justa e profundamente burilada de Oblomov[16] teria igualmente de fracassar. Em vão o escritor encontrou para a passividade desse tipo humano uma imagem enérgica tão convincente aos sentidos quanto a eterna e desamparada prostração de Oblomov. Ante a profundidade da tragédia de Oblomov, que experimenta diretamente no mais íntimo somente o que é próprio, embora tenha de fracassar lamentavelmente ao toque da menor realidade externa, a felicidade triunfante de seu vigoroso amigo, Stolz, torna-se rasteira e trivial, mesmo que ele possua força e peso suficientes para reduzir o destino de Oblomov à sordidez: o burlesco medonho dessa heterogeneidade entre interior e exterior, revelada pelo Oblomov prostrado no leito, perde cada vez mais acentuadamente a sua profundidade e grandeza configuradas ao se iniciar a ação propriamente dita, a obra pedagógica do amigo e o seu insucesso, tornando-se cada vez mais o destino impassível de um homem perdido desde sempre.

A maior discrepância entre ideia e realidade é o tempo: o decurso do tempo como duração. A mais profunda e humilhan-

---

[16] *Oblomov* (1859), romance de Ivan Gontcharov (1812-1891). (N. do T.)

O romantismo da desilusão

te incapacidade de autoafirmação da subjetividade consiste menos na luta vã contra as estruturas vazias de ideias e seus representantes humanos do que no fato de ela não poder resistir a esse decurso contínuo e indolente; de ela ter de resvalar, lenta mas irresistivelmente, de cumes escalados a custo; de esse ente inapreensível e invisivelmente ágil despojá-la aos poucos de toda a posse e — de maneira imperceptível — impingir-lhe conteúdos alheios. Eis por que só o romance, a forma do desterro transcendental da ideia, assimila o tempo real, a *durée* de Bergson, à fileira de seus princípios constitutivos. Em outro contexto, demonstrei que o drama não conhece o conceito de tempo, que todo drama está sujeito às três unidades, devidamente entendidas — sendo que a unidade de tempo significa o estar suspenso por sobre o fluxo temporal.[17] A epopeia, no entanto, parece conhecer a duração do tempo: pense-se apenas nos dez anos da *Ilíada* e nos da *Odisseia*. Ora, esse tempo tampouco possui uma realidade, uma duração real; os homens e os destinos mantêm-se por ele intocados; não tem ele mobilidade própria, e sua função é apenas expressar, de modo patente, a grandeza de um empreendimento ou uma tensão. Para que o ouvinte experimente o que significam a tomada de Troia e os périplos de Ulisses são necessários os anos, do mesmo modo que o grande número de guerreiros, as superfícies de terra a serem vagadas. Mas os heróis não experimentam o tempo dentro da composição literária, o tem-

---

[17] O original traz a única nota de todo o texto, na qual se lê: "*A modern dráma fejlödésének története* [História do desenvolvimento do drama moderno], 2 vols., Budapeste, 1912. Há o capítulo introdutório em alemão sob o título 'Zur Soziologie des moderne Dramas' [Sobre a sociologia do drama moderno], *in Archiv für Sozialwissenschaften und Sozialpolitik*, XXXVII (1914), pp. 303 ss., pp. 662 ss.". Ver *EmD*, p. 20 e "Posfácio", p. 204. (N. do T.)

po não lhes atinge a mudança ou imutabilidade intrínsecas; a idade lhes foi assimilada ao caráter, e Nestor é velho assim como Helena é bela e Agamêmnon, poderoso. Envelhecimento e morte, o doloroso saber de toda a vida, também os homens da epopeia sem dúvida o possuem, mas só como saber; o que eles experimentam e como experimentam tem o venturoso desprendimento temporal do mundo divino. A postura normativa diante da epopeia, segundo Goethe e Schiller, é a postura diante de algo inteiramente passado; seu tempo, pois, é estático e abarcável com a vista. Nele, escritor e personagens podem mover-se livremente em qualquer direção; como todo o espaço, ele possui várias dimensões e nenhuma direção. E o presente normativo do drama, igualmente estatuído por Goethe e Schiller,[18] transforma, nas palavras de Gurnemanz, o próprio tempo em espaço, e somente a completa desorientação da literatura moderna propôs a impossível tarefa de querer representar dramaticamente a evolução, o curso progressivo do tempo.

O tempo só pode tornar-se constitutivo quando a vinculação com a pátria transcendental houver cessado. Do mesmo modo que o êxtase eleva o místico a uma esfera onde cessa toda a duração e todo o decurso, da qual somente em virtude de sua limitação de criatura orgânica ele é obrigado a recair no mundo temporal, assim também toda a forma de vínculo estreito e visível

---

[18] "O autor épico e o dramático estão ambos sujeitos às leis poéticas, especialmente à lei da unidade e à lei do desenvolvimento; além disso, ambos tratam de objetos semelhantes e ambos podem precisar de toda a sorte de temas; sua grande e essencial diferença repousa, contudo, no fato de o autor épico expor o acontecimento como *inteiramente passado* e o autor dramático expô-lo como *inteiramente presente*." J. W. Goethe, "Über epische und dramatische Dichtung", *in Goethes Werke*, Hamburger Ausgabe, vol. XII, Hamburgo, 1988, p. 249. (N. do T.)

O romantismo da desilusão

com a essência cria um cosmos que se subtrai *a priori* a essa necessidade.[19] Somente no romance, cuja matéria constitui a necessidade da busca e a incapacidade de encontrar a essência, o tempo está implicado na forma: o tempo é a resistência da organicidade presa meramente à vida contra o sentido presente, a vontade da vida em permanecer na própria imanência perfeitamente fechada. Na epopeia, a imanência do sentido à vida é tão forte que o tempo é por ela superado: a vida ingressa na eternidade como vida, a organicidade aproveitou do tempo apenas a floração, e todo estiolamento e morte foi esquecido e deixado para trás. No romance, separam-se sentido e vida, e portanto essencial e temporal; quase se pode dizer que toda a ação interna do romance não passa de uma luta contra o poder do tempo. No romantismo da desilusão, o tempo é o princípio depravador: a poesia, o essencial, tem de perecer, e é o tempo, em última instância, que causa esse definhamento. Eis por que, aqui, todo o valor está ao lado da parte derrotada, que, em fenecendo, assume o caráter da juventude que estiola, e toda a rispidez e todo o rigor vazio de ideias estão ao lado do tempo. E somente como uma correção posterior desse combate unilateralmente lírico contra o poder triunfante é que a autoironia volta-se contra a essência decadente, conferindo-lhe mais uma vez, num sentido novo e agora condenável, o atributo da juventude: o ideal aparece como constitutivo somente para o estado de imaturidade da alma. Ora, o plano geral do romance terá de tornar-se incongruente se nessa luta valor e desvalor forem repartidos tão estritamente entre ambas as partes. A forma só pode realmente denegar um princípio de vida se for capaz de excluí-lo *a priori* de seu domínio; caso tenha de acolhê-lo em si, ele se torna positivo para ela: a rea-

---

[19] Cf. nota 47, p. 93. (N. do T.)

lização do valor o toma então como pressuposto não apenas em sua resistência, mas também em sua própria existência.

Isso porque o tempo é a plenitude da vida, ainda que a plenitude do tempo seja a autossuperação da vida e, com ela, do próprio tempo. E o positivo, a afirmação expressa pela forma do romance, para além de todo desalento e tristeza de seus conteúdos, não é apenas o sentido a raiar ao longe, que clareia em pálido brilho por trás da busca frustrada, mas a plenitude da vida que se revela, precisamente, na múltipla inutilidade da busca e da luta. O romance é a forma da virilidade madura: o seu canto de consolo ressoa da percepção premonitória de que, em toda a parte, os germes e as pegadas do sentido perdido tornam-se visíveis; de que o adversário descende da mesma pátria perdida que o paladino da essência; de que a vida tinha de perder sua imanência de sentido para estar igualmente presente em toda parte. Assim, o tempo torna-se o portador da sublime poesia épica do romance: ele se tornou inexoravelmente existente, e ninguém mais é capaz de nadar contra a direção única de sua corrente nem regrar seu curso imprevisível com os diques do apriorismo. Porém um sentimento de resignação permanece vivo: tudo isso tem de vir de algum lugar e ir para algum lugar; embora a direção não traia nenhum sentido, ainda assim é uma direção. E desse sentimento maduro e resignado brotam as experiências temporais legitimamente épicas, pois que despertam ações e nas ações têm suas origens: a esperança e a recordação; experiências temporais que simultaneamente ultrapassam o tempo: uma sinopse da vida como unidade cristalizada *ante rem* e sua apreensão sinóptica *post rem*. E se é preciso negar a experiência feliz e ingênua do *in re* dessa forma e dos tempos que a engendram, se essas experiências também estão condenadas à subjetividade e à reflexão, o sentimento configurador da apreensão do sentido não lhes pode, contudo, ser tomado; são elas as experiências de maior proximidade à essência que podem ser dadas à vida num mundo abandonado por deus.[20]

Semelhante experiência do tempo está na base da *Educação sentimental* de Flaubert, e sua falta, a apreensão unilateralmente negativa do tempo, foi em última instância a ruína dos demais grandes romances da desilusão. De todas as grandes obras desse tipo, a *Educação sentimental* é aparentemente a menos trabalhada; nela não se faz nenhuma tentativa de superar a desintegração da realidade exterior em partes fragmentárias, carcomidas e heterogêneas por meio de algum processo de unificação, nem de substituir o nexo ausente e a densidade sensível pela pintura lírica dos estados de ânimo: duros, quebradiços e isolados, os fragmentos avulsos da realidade postam-se enfileirados. E o personagem central não é dotado de importância quer pela limitação do número de pessoas e a rigorosa convergência da composição

---

[20] "A essência, em resumo, talvez seja esta: uma distância é criada a partir da qual a dualidade entre interior e exterior, entre ato e alma, não é mais visível. O mais importante é: a recordação [...] não analisa as coisas, raramente conhece os seus verdadeiros motivos e de modo algum expressa o acontecimento na sucessão de ligeiras vibrações da alma a transformarem-se quase imperceptivelmente. [...] no narrador vive somente aquela parcela dos acontecimentos que os vincula numa unidade; vive somente a experiência que, neles, se tornou significativa; somente aquilo, portanto, que se tornou centro da construção" (*SuF*, pp. 111 ss.). Pode-se dizer que a recordação é um princípio composicional ligeiramente diverso do da ironia. A distância épica, que esta última construía *no processo* de engastar com precisão poética os fragmentos narrativos, a recordação já porta *dentro* de si, amparada no filtro prévio da memória, que seleciona os fatos da realidade e os dota de significado, sem no entanto contaminar o exterior com a complacência do mundo interior. Para um enfoque diverso do confronto entre ironia e recordação, ver P. De Man, "Georg Lukács's *Theory of the Novel*", *in Blindness and Insight: Essays in the Rhetoric of Contemporary Criticism*, Londres, Methuen & Co., 1983, pp. 51-9. (N. do T.)

sobre o centro, quer pelo destaque de sua personalidade que sobressai aos demais: a vida interior do herói é tão fragmentária quanto o seu mundo circundante, e a sua interioridade não possui poder patético algum, seja lírico ou sardônico, que possa contrapor-se a essa insignificância. E não obstante, esse mais típico romance do século XIX no que se refere à problemática da forma romanesca como um todo é o único que, com a desolação em nada mitigada de sua matéria, alcançou a verdadeira objetividade épica e, através dela, a positividade e a energia afirmativa de uma forma consumada.

É o tempo que torna possível esse triunfo. Seu fluxo desenfreado e ininterrupto é o princípio unificador da homogeneidade que lapida todos os fragmentos heterogêneos e os põe numa relação recíproca, se bem que irracional e inexprimível. É ele que ordena o caos aleatório dos homens e lhe empresta a aparência de uma organicidade que floresce por si; sem outro sentido que não o evidente, personagens emergem e, sem evidenciarem nenhum sentido, submergem novamente, travam relações com os demais e as rompem a seguir. Mas os personagens não estão simplesmente mergulhados nesse devir e perecer alheios ao sentido, que precede aos homens e a eles sobrevive. Para além dos acontecimentos ou da psicologia, ele lhes dá a qualidade própria de sua existência: por mais casual que seja o surgimento de um personagem em termos pragmáticos ou psicológicos, ele emerge de uma continuidade viva e existente, e a atmosfera desse arrastar-se pela corrente de vida singular e única supera a casualidade de sua experiência e o isolamento dos acontecimentos em que figura. A totalidade da vida que a todos sustenta torna-se desse modo algo vivo e dinâmico: o grande lapso de tempo abarcado por esse romance, que divide os homens em gerações e integra-lhes os atos num contexto histórico-social, não é um conceito abstrato ou uma unidade mentalmente pós-construída, como o do todo da

Comédia humana, mas algo efetivamente existente, um *continuum* concreto e orgânico. Essa totalidade só é um retrato verdadeiro da vida na medida em que também com relação a ela todo o sistema valorativo de ideias permanece regulativo, na medida em que a ideia que lhe é inerente com imanência é apenas a da própria existência, a da vida em geral. Porém essa ideia, que revela ainda mais abruptamente a distância dos verdadeiros sistemas de ideias convertidos em ideal no homem, retira ao fracasso de todos os esforços a sua árida desolação: tudo o que ocorre é fragmentário, triste e sem sentido, mas está sempre irradiado pela esperança ou pela recordação. E a esperança não é um artifício abstrato e isolado da vida, profanado e enxovalhado por sua derrota diante da vida; ela própria é parte da vida que ela, esperança, aconchegando-se a ela e ornando-a, busca vencer, mas da qual terá sempre de resvalar. E na recordação essa luta perpétua transforma-se num caminho interessante e incompreensível, mas que está preso com laços indissolúveis ao instante vivo e presente. E esse instante é tão rico da duração que flui e reflui, e de cujo estancamento ele oferece um momento de contemplação consciente, que essa riqueza comunica-se também ao passado e ao perdido, e chega mesmo a adornar com valor de vivência o que então passou despercebido. Em curioso e melancólico paradoxo, o fracasso é portanto o momento do valor; o pensamento e a vivência daquilo que a vida recusou é a fonte da qual parece jorrar a plenitude da vida. Configura-se a absoluta ausência de toda a satisfação do sentido, mas a configuração alça-se à realização rica e integrada de uma verdadeira totalidade de vida.

Esse é o caráter essencialmente épico da memória. No drama (e na epopeia) o passado não existe ou é perfeitamente presente. Como essas formas desconhecem o decurso temporal, não existe nelas nenhuma diferença qualitativa da experiência entre passado e presente; o tempo não possui nenhum poder criador de mudanças, nada é por ele fortalecido ou enfraquecido em seu significado. Eis o sentido formal das cenas típicas de desvelamento e reconhecimento esboçadas por Aristóteles:[21] algo pragmaticamente ignorado pelos heróis do drama lhes entra no campo de visão e, no mundo assim alterado, eles têm de agir de modo diverso ao desejado. Ora, o novo elemento que se adiciona não é embaçado por nenhuma perspectiva temporal, mas antes absolutamente equivalente e homogêneo ao presente. Assim, o decurso temporal também nada altera na epopeia: do *Canto dos nibelungos* Hebbel pôde tomar a cargo, sem modificações, a incapacidade puramente dramática de esquecer, a precondição da vingança de Kriemhild e Hagen, e a cada personagem da *Divina comédia* o caráter nele vivo de sua vida terrena lhe é tão presente diante da alma quanto o Dante com quem ele fala, quanto o lugar da punição ou da graça a que foi aportar. Para a experiência lírica do passado, somente a modificação é essencial. A lírica ignora todo o objeto configurado como objeto[22] que possa figurar no vácuo da intemporalidade ou na atmosfera do decurso temporal: ela configura o processo de recordar ou esquecer, e o objeto é somente um pretexto para a experiência.

Apenas no romance e em certas formas épicas que lhe são próximas se dá uma recordação criativa, que capta e subverte o objeto. O genuinamente épico dessa memória é a afirmação viva do processo da vida. A dualidade entre interioridade e mundo exterior pode ser aqui superada para o sujeito, se ele vislumbrar a unidade orgânica de toda a sua vida como fruto do crescimento de seu presente vivo a partir do fluxo vital passado, condensado na recordação. A superação da dualidade, ou seja, o encontro e

---

[21] Cf. Aristóteles, *Poética*, 1452a, 11-39 e 1452b, 1-13. (N. do T.)

[22] Em alemão, *als Gegenstand gestaltetes Objekt*. (N. do T.)

O romantismo da desilusão

a inclusão do objeto, torna essa experiência elemento de uma autêntica forma épica. A pseudolírica dos estados de ânimo do romance da desilusão revela-se sobretudo no fato de sujeito e objeto estarem nitidamente divorciados na experiência recordativa: a recordação, do ponto de vista da subjetividade presente, apreende a discrepância entre o objeto como era na realidade e o seu modelo desejado como ideal pelo sujeito. A aspereza e o desalento de semelhante configuração não se devem tanto à desolação do conteúdo configurado quanto à dissonância irresoluta na forma — ao fato de que o objeto da experiência constrói-se segundo as leis formais do drama, ao passo que a subjetividade que o experimenta é lírica. Drama, lírica e épica — em qualquer hierarquia que sejam pensados — não são tese, antítese e síntese de um processo dialético, mas cada qual é uma espécie de configuração do mundo de qualidade totalmente heterogênea das demais. A positividade de cada forma, portanto, é o cumprimento de suas próprias leis estruturais; a afirmação da vida que dela parece emanar como estado de ânimo não é mais que a resolução das dissonâncias exigidas pela forma, a afirmação de sua própria substância criada pela forma. A estrutura objetiva do mundo romanesco apresenta uma totalidade heterogênea regida apenas por ideias regulativas, cujo sentido não é posto, mas apenas proposto.[23] Eis por que a unidade entre personalidade e mundo — unidade que alvorece na recordação, embora fundada na experiência — é o meio mais profundo e genuíno, em sua natureza subjetivo-constitutiva e objetivo-reflexiva, de efetuar a totalidade exigida pela forma romanesca. É o regresso do sujeito a si mesmo que se revela nessa experiência, assim como a premonição

---

[23] Em alemão, *deren Sinn nur aufgegeben, aber nicht gegeben ist.* (N. do T.)

e a exigência desse regresso estão na base das experiências da esperança. Esse regresso é que, em retrospecto, integra em ações tudo quanto foi iniciado, interrompido ou abandonado; no estado de ânimo de sua experiência, supera-se o caráter lírico do estado de ânimo, já que este é relacionado ao mundo exterior, à totalidade da vida; e a percepção que apreende tal unidade, graças a essa relação com o objeto, eleva-se de sua análise dissociativa: torna-se ela a apreensão premonitoriamente intuitiva do sentido da vida inatingido e portanto inexprimível, o núcleo tornado manifesto de todas as ações.

É uma consequência natural do paradoxo desse gênero artístico que os romances realmente grandes tenham uma certa tendência à transcendência rumo à epopeia. A *Educação sentimental* é nesse caso a única verdadeira exceção, sendo por isso a mais exemplar para a forma do romance. Na configuração do decurso temporal e na sua relação com o centro artístico de toda a obra revela-se essa tendência da maneira mais nítida. O *Lykke-Per* de Pontoppidan, que, de todos os romances do século XIX, talvez seja o que mais se aproxime do grande êxito de Flaubert, determina o objetivo cuja consecução fundamenta e integra a sua totalidade de vida de modo demasiado concreto quanto ao conteúdo, com demasiado realce de valores para que possa surgir, a partir do fim, essa perfeita unidade verdadeiramente épica. Também para ele o caminho é mais do que um incontornável agravamento do ideal — é o necessário desvio sem cuja travessia o objetivo permaneceria vazio e abstrato, e a consecução perderia seu valor. Mas esse caminho tem valor somente em relação a esse objetivo específico, e o valor que daí resulta é somente o de haver crescido, não o do próprio crescimento. Sua experiência temporal, pois, tem um ligeiro pendor a transcender-se rumo ao dramático, rumo à separação diretiva entre o que é sustentado pelo valor e o que é abandonado pelo sentido, separação que é suplan-

O romantismo da desilusão

tada com admirável tato, mas cujos vestígios, como dualidades não inteiramente superadas, não podem ser eliminados.

O idealismo abstrato e sua íntima relação com a pátria transcendente, situada para além do tempo, tornam necessária essa espécie de configuração. Eis por que a maior obra desse tipo, o *Dom Quixote*, avança com tanto mais força rumo à epopeia — e isso segundo os seus fundamentos formais e histórico-filosóficos. Os acontecimentos do *Dom Quixote* são quase atemporais, uma série variegada de aventuras isoladas e perfeitas em si mesmas, e embora o final dê perfeição ao todo no tocante ao princípio e ao problema, apenas o todo é coroado, não a totalidade concreta das partes. Esse é o caráter épico do *Dom Quixote*, sua maravilhosa severidade e serenidade livres de atmosfera. Sem dúvida, é apenas o próprio configurado que se ergue, desse modo, a regiões mais puras acima do decurso temporal; o próprio fundamento de vida que ele sustenta não é mítico-atemporal, mas fruto da passagem do tempo, e transmite a cada detalhe os traços dessa filiação. Só que os raios da certeza irracionalmente demoníaca da inexistente pátria transcendental absorvem as sombras e os sombreados dessa origem e recortam todas as imagens com os contornos precisos de sua luz. Fazê-la esquecer eles não podem, pois a obra deve o seu inimitável amálgama de ríspida serenidade e poderosa melancolia a esse inigualável triunfo sobre a gravidade do tempo. Como em todos os outros pontos, não foi Cervantes, o artista ingênuo, que superou os perigos por ele desconhecidos de sua forma e encontrou uma perfeição improvável, mas Cervantes, o visionário intuitivo do momento histórico-filosófico sem retorno. Sua visão emergiu no ponto em que se dividiam duas épocas históricas, ele as reconheceu e compreendeu, elevando a problemática mais confusa e erradia à esfera luminosa da transcendência inteiramente franqueada, inteiramente convertida em forma. Os precursores e herdeiros de sua forma, a épica de cavalaria e o romance de aventuras, revelam o perigo dessa forma que nasce de sua transcendência rumo à epopeia, de sua incapacidade de configurar a *durée*: a trivialidade, a tendência à leitura de entretenimento. Essa é a problemática necessária desse tipo de romance, assim como a desintegração, a ausência de forma, devido à incapacidade de dominar o tempo existente dotado de força e peso excessivos, é o perigo do outro tipo, o do romance da desilusão.

3. *Os anos de aprendizado de Wilhelm Meister* como tentativa de uma síntese

Tanto no aspecto estético quanto histórico-filosófico, *Wilhelm Meister* situa-se entre esses dois tipos de configuração: seu tema é a reconciliação do indivíduo problemático, guiado pelo ideal vivenciado, com a realidade social concreta. Essa reconciliação não pode nem deve ser uma acomodação ou uma harmonia existente desde o início; esta conduziria ao tipo já caracterizado do romance humorístico moderno, exceto que então o mal necessário desempenharia o papel principal. (*Soll und Haben*, de Freytag,[24] é um exemplo clássico dessa objetivação do vazio de ideias e do princípio antipoético.) Tipo humano e estrutura da ação, portanto, são condicionados aqui pela necessidade formal de que a reconciliação entre interioridade e mundo seja problemática mas possível; de que ela tenha de ser buscada em penosas lutas e descaminhos, mas possa no entanto ser encontrada. Eis por que a interioridade aqui em apreço situa-se entre os dois tipos antes analisados: sua relação com o mundo transcendente das

---

[24] *Soll und Haben* [Deve e haver], de Gustav Freytag (1816-1895), foi publicado em 1855. (N. do T.)

Os anos de aprendizado de Wilhelm Meister

ideias é frouxa, tênue tanto subjetiva quanto objetivamente, mas a alma voltada puramente a si própria não integra o seu mundo numa realidade que é ou deve ser perfeita em si mesma, que se opõe como postulado e poder rival à realidade externa, senão porta em si, como sinal do laço remoto embora ainda não rompido com a ordem transcendental, a aspiração a uma pátria no aquém que corresponda ao ideal — um ideal pouco claro no que aceita, inequívoco na rejeição. De um lado, portanto, essa interioridade é um idealismo mais amplo e que se tornou com isso mais brando, mais flexível e mais concreto e, de outro, uma expansão da alma que quer gozar a vida agindo, intervindo na realidade, e não contemplativamente. Assim, essa interioridade situa-se a meio caminho entre idealismo e Romantismo, e ao tentar em si uma síntese e superação de ambos, é rejeitada por ambos como transigência.

A partir dessa possibilidade, conferida pelo tema, de intervir com ações sobre a realidade social, segue-se que a articulação entre mundo exterior, profissão, classe, estamento etc. é de fundamental importância, como substrato da ação social, para o tipo humano aqui em pauta. Por isso, o ideal que vive nesse homem e lhe determina as ações tem como conteúdo e objetivo encontrar nas estruturas da sociedade vínculos e satisfações para o mais recôndito da alma. Desse modo, porém, ao menos como postulado, a solidão da alma é superada. Essa eficácia pressupõe uma comunidade íntima e humana, uma compreensão e uma capacidade de cooperação entre os homens no que respeita ao essencial. Mas essa comunidade não é nem o enraizamento ingênuo e espontâneo em vínculos sociais e a consequente solidariedade natural do parentesco (como nas antigas epopeias), nem uma experiência mística de comunidade que, ante o lampejo súbito dessa iluminação, esquece e põe de lado a individualidade solitária como algo efêmero, petrificado e pecaminoso, mas sim um lapidar-se e habituar-se mútuos de personalidades antes solitárias e obstinadamente confinadas em si mesmas, o fruto de uma resignação rica e enriquecedora, o coroamento de um processo educativo, uma maturidade alcançada e conquistada. O conteúdo dessa maturidade é um ideal da humanidade livre, que concebe e afirma todas as estruturas da vida social como formas necessárias da comunidade humana, mas ao mesmo tempo vislumbra nelas apenas o pretexto para efetivar essa substância essencial da vida, apropriando-as assim não em seu rígido ser-para-si[25] jurídico-estatal, mas antes como instrumentos necessários de objetivos que as excedem. O heroísmo do idealismo abstrato e a pura interioridade do Romantismo são admitidos, pois, como tendências relativamente justificadas, mas a serem superadas e inseridas na ordem interiorizada; de fato, eles parecem tão reprováveis e condenados à perdição quanto o filisteísmo — a acomodação a qualquer ordem exterior, por mais vazia de ideias que ela seja, apenas porque é a ordem dada.

Uma tal estrutura da relação entre alma e ideal relativiza a posição central do herói: ela é casual; o herói é selecionado entre o número ilimitado dos aspirantes e posto no centro da narrativa somente porque sua busca e sua descoberta revelam, com máxima nitidez, a totalidade do mundo. Ora, na torre em que estão consignados os anos de aprendizado de Wilhelm Meister, encontram-se também — entre inúmeros outros — os de Jarno e Lothario e demais membros da Liga, e o próprio romance contém, nas memórias da canonisa, um minucioso paralelo do destino pedagógico.[26] Sem dúvida, também o romance da desilusão conhece essa centralidade casual do personagem principal (en-

---

[25] Em alemão, *Fürsichsein*. (N. do T.)

[26] Livro sexto: *Confissões de uma bela alma*. (N. do T.)

Os anos de aprendizado de Wilhelm Meister

quanto o idealismo abstrato tem de trabalhar, necessariamente, com um herói situado no centro da narrativa, marcado por sua solidão), mas isso é somente um meio a mais para pôr a nu a realidade corruptora: no fracasso necessário de toda a interioridade, cada destino individual não é mais que um episódio, e o mundo compõe-se do número infinito de semelhantes episódios isolados, mutuamente heterogêneos, que partilham com o destino comum somente a necessidade do fracasso. Mas aqui o fundamento da cosmovisão dessa relatividade é o possível êxito das aspirações voltadas a um objetivo comum; os personagens isolados tornam-se estreitamente unidos por meio dessa comunidade do destino, ao passo que no romance da desilusão o paralelismo das curvas de vida só fazia aumentar a solidão dos homens.

É por isso que, aqui, se busca também um caminho intermediário entre o exclusivo orientar-se pela ação do idealismo abstrato e a ação puramente interna, feita contemplação, do Romantismo. A humanidade, como escopo fundamental desse tipo de configuração, requer um equilíbrio entre atividade e contemplação, entre vontade de intervir no mundo e capacidade receptiva em relação a ele. Chamou-se essa forma de romance de educação. Com acerto, pois a sua ação tem de ser um processo consciente, conduzido e direcionado por um determinado objetivo: o desenvolvimento de qualidades humanas que jamais floresceriam sem uma tal intervenção ativa de homens e felizes acasos; pois o que se alcança desse modo é algo por si próprio edificante e encorajador aos demais, por si próprio um meio de educação. A ação definida por esse objetivo tem algo da tranquilidade da segurança. Mas não se trata da tranquilidade apriorística de um mundo rematado; é a vontade de formação,[27] consciente e segura

---

[27] Em alemão, *Bildung*. (N. do T.)

de seu fim, que cria a atmosfera dessa inofensividade última. A bem dizer, esse mundo não está absolutamente livre de perigo. Há que se ver sucumbir fileiras inteiras de homens graças à sua incapacidade de adaptação, e outros ressequir e murchar em virtude de sua capitulação precipitada e incondicional perante toda a realidade, a fim de avaliar o perigo a que todos se expõem e contra o qual existe, certamente, um caminho de salvação individual, mas não de redenção apriorística. Ora, tais caminhos existem, e vê-se toda uma comunidade de homens — auxiliando-se reciprocamente, a despeito de erros e confusões ocasionais — marchar triunfante até o final. E o que para muitos tornou-se realidade tem de permanecer, ao menos potencialmente, aberto para todos.

Assim, o robusto e seguro sentimento básico dessa forma romanesca vem da relativização de seu personagem central, que está condicionada, por sua vez, à crença na possibilidade de destinos e configurações de vida comuns. Tão logo desapareça essa crença — o que, expresso em termos de forma, quer dizer: tão logo a ação se erga a partir dos destinos de um homem solitário, que apenas atravessa comunidades ilusórias ou reais, mas cujo destino não desemboca nelas —, a espécie da configuração tem de alterar-se em sua essência e avizinhar-se do tipo do romance da desilusão. Pois neste a solidão não é casual nem depõe contra o indivíduo, antes significa que a vontade do essencial conduz para além do mundo das estruturas e das comunidades, que uma comunidade só é possível na superfície e com base na transigência. Se com isso também o personagem central torna-se problemático, sua problemática não reside em suas chamadas "falsas tendências", mas precisamente no fato de querer realizar, de algum modo, o âmago de sua interioridade no mundo. O parâmetro educativo preservado nessa forma e que a distingue claramente do romance da desilusão consiste no fato de que o advento

Os anos de aprendizado de Wilhelm Meister

final do herói a uma solidão resignada não significa um colapso total ou a conspurcação de todos os ideais, mas sim a percepção da discrepância entre interioridade e mundo, uma realização ativa da percepção dessa dualidade: a adaptação à sociedade na resignada aceitação de suas formas de vida e o encerrar-se em si e guardar-se para si da interioridade apenas realizável na alma. O gesto desse advento exprime o estado presente do mundo, mas não é nem um protesto contra ele nem sua afirmação, é somente uma experiência compreensiva — uma experiência que se esforça por ser justa com ambos os lados e vislumbra, na incapacidade da alma em atuar sobre o mundo, não só a falta de essência deste, mas também a fraqueza intrínseca daquela. Sem dúvida, na maioria dos casos específicos, os limites entre esse tipo de romance de educação pós-goethiano e o do romantismo da desilusão são lábeis. A primeira versão de *Der grüne Heinrich* talvez mostre isso com máxima nitidez, ao passo que a versão definitiva trilha com clareza e determinação esse caminho exigido pela forma.[28] Ora, a possibilidade de tal labilidade, embora superável, revela o primeiro grande perigo que ronda essa forma a partir de seu fundamento histórico-filosófico: o perigo de uma subjetividade não paradigmática, não convertida em símbolo, que tem de romper a forma épica. Pois dentro desse pressuposto, tanto herói quanto destino podem ser algo meramente pessoal, e o todo torna-se um destino privado que narra memorialisticamente como um determinado homem logrou entrar em acordo com seu mundo circundante. (O romance da desilusão compensa a subjetividade exasperada dos homens por intermédio da universali-

---

[28] *Der grüne Heinrich* [Henrique, o Verde] (1854-55), romance de Gottfried Keller (1819-1890). Na segunda versão, de 1879-80, o desenlace trágico é substituído por um final otimista. (N. do T.)

A teoria do romance

dade opressiva e igualitária do destino.) E essa subjetividade é mais insuperável que a de tom narrativo: ela confere a todo o representado — mesmo que a configuração técnica esteja objetivada à perfeição — o caráter fatal, insignificante e mesquinho do meramente privado; resta um aspecto, que de modo tanto mais desagradável faz dar pela falta da totalidade, pois a cada instante declara-se com a pretensão de configurá-la. A maioria esmagadora dos romances de educação modernos sucumbiu inapelavelmente a esse perigo.

A estrutura dos homens e destinos no *Wilhelm Meister* define a construção do mundo social que os circunda. Aqui, também, se trata de uma situação intermediária: as estruturas da vida social não são cópias de um mundo transcendente estável e seguro, nem em si mesmas uma ordem fechada e claramente articulada que se substancializa em fim próprio; fosse assim, a própria busca e a possibilidade de extraviar-se estariam excluídas deste mundo. Mas não constituem tampouco uma massa amorfa, pois do contrário a interioridade balizada pela ordem teria de permanecer para sempre apátrida em seu domínio, e a consecução do objetivo seria desde o início impensável. O mundo social, portanto, tem de tornar-se um mundo da convenção parcialmente aberto à penetração do sentido vivo.

Assim, surge um novo princípio de heterogeneidade no mundo exterior: a hierarquia irracional e não racionalizável das diversas estruturas e camadas de estruturas, de acordo com sua permeabilidade ao sentido, que nesse caso não significa algo objetivo, mas a possibilidade de uma atuação da personalidade. A ironia, como fator de configuração, assume aqui importância decisiva, pois a princípio não se pode atribuir ou negar sentido a nenhuma estrutura, já que essa sua aptidão ou inaptidão não se manifesta com nitidez desde o início, mas apenas na interação com o indivíduo; essa ambiguidade necessária é reforçada

Os anos de aprendizado de Wilhelm Meister

ainda mais pelo fato de que, nas interações isoladas, é impossível assinalar se a adequação ou inadequação das estruturas ao indivíduo é uma vitória ou uma derrota deste último ou mesmo um juízo sobre a estrutura. Mas essa afirmação irônica da realidade — pois essa oscilação derrama seu brilho até mesmo sobre o que mais se ressente de ideias — é somente um estágio intermediário: a perfeição da obra pedagógica tem necessariamente de idealizar e romantizar determinadas partes da realidade e abandonar outras à prosa, por vazias de sentido. De outro lado, no entanto, a atitude irônica também em relação a esse retorno ao lar e aos meios para tanto não pode ser abandonada e ceder lugar a uma afirmação incondicional. Isso porque tais objetivações da vida social são também simples pretextos da efetivação visível e frutífera de algo que está além delas, e a homogeneização prévia e irônica da realidade, à qual elas devem seu caráter de realidade — sua essência refratária às tendências e aos aspectos subjetivos, sua existência autônoma em relação a eles —, também não pode ser aqui superada sem colocar em risco a unidade do todo. Portanto o mundo alcançado, significativo e harmonioso, é igualmente real e dispõe das mesmas características de realidade que os diversos graus da privação de sentido e da penetração fragmentária do sentido que o precedem no curso da ação.

Nessa cadência irônica da configuração romântica da realidade jaz o outro grande perigo dessa forma romanesca, ao qual apenas Goethe, e mesmo ele somente em parte, logrou escapar: o perigo de romantizar a realidade até uma região de total transcendência à realidade ou, o que demonstra com máxima clareza o verdadeiro perigo artístico, até uma esfera completamente livre e além dos problemas, para a qual não bastam mais as formas configuradoras do romance. Novalis, que precisamente nesse ponto repudiou a obra de Goethe como prosaica e antipoética, opõe o conto de fadas, a transcendência realizada no real, como objetivo e cânon da poesia épica contra a espécie de configuração do *Wilhelm Meister*. "*Os anos de aprendizado de Wilhelm Meister*", escreve ele, "são de certo modo inteiramente prosaicos e modernos. Nele o elemento romântico cai por terra, e assim também a poesia da natureza, o maravilhoso. Ocupa-se ele meramente de coisas corriqueiras, humanas, a natureza e o misticismo são de todo esquecidos. É uma história burguesa e doméstica poetizada. O maravilhoso é tratado expressamente como poesia e exaltação. Ateísmo artístico é o espírito do livro. [...] No fundo, [...] ele é apoético no mais alto grau, por mais poética que seja a exposição".[29] E mais uma vez, não é por acaso, mas por uma afinidade eletiva enigmática embora tão profundamente racional entre mentalidade e matéria que Novalis, com tais tendências, remonta ao tempo da épica cavaleiresca. Assim como esta, ele também (sem dúvida se trata aqui de uma comunhão *a priori* de aspirações, e não de algum tipo de "influência" direta ou indireta) quer configurar uma totalidade terrena[30] fechada da transcendência que se tornou manifesta. Eis por que essa sua estilização, tal como a da épica cavaleiresca, há de ter como alvo o conto de fadas. Mas enquanto os poetas épicos da Idade Média saíam a configurar o mundo terreno com mentalidade épica, por assim dizer ingênuo-espontânea, e obtinham a presença radiante da transcendência e com ela a transfiguração da realidade em conto de fadas somente como dádiva de sua situação histórico--filosófica, para Novalis essa realidade feérica, como restauração de uma unidade rompida entre realidade e transcendência, torna-se o objetivo consciente da configuração. Por isso a síntese

---

[29] Novalis, *Fragmente und Studien II, 1799-1800*, nº 290 e nº 320, *in Werke, Tagebücher und Briefe*, vol. II, edição citada, pp. 800-1 e 806. (N. do T.)

[30] Em alemão, *diesseitig*. (N. do T.)

Os anos de aprendizado de Wilhelm Meister

cabal e decisiva é incapaz, no entanto, de ser realizada. A realidade está por demais carregada e onerada pelo fardo terreno de seu abandono das ideias, e o mundo transcendente, em virtude de sua filiação demasiado direta à esfera filosófico-postulativa da pura abstração, é por demais etéreo e sem conteúdo para que ambos possam reunir-se organicamente na configuração de uma totalidade viva. Assim, a fissura artística que Novalis detecta com argúcia em Goethe torna-se ainda maior e absolutamente intransponível em sua obra: a vitória da poesia, o seu domínio transfigurador e redentor sobre todo o universo, não possui a força constitutiva para arrastar consigo a esse paraíso tudo o que, de resto, é mundano e prosaico; a romantização da realidade apenas a reveste de uma aparência lírica de poesia que não se deixa converter em acontecimentos, em épica, de maneira que a real configuração épica ou apresenta a problemática goethiana, só que mais agravada, ou é eludida por reflexões líricas e imagens de estados de ânimo. Por isso, a estilização de Novalis permanece puramente reflexiva; embora recubra na superfície o perigo, na essência apenas o agrava. Pois é impossível que a romantização das estruturas do mundo social, presa a estados de ânimo líricos, relacione-se com a harmonia preestabelecida — inexistente no atual estágio do espírito — da vida essencial da interioridade, e como o caminho de Goethe para encontrar aqui um equilíbrio ironicamente flutuante, criado a partir do sujeito e bulindo o menos possível nas estruturas, foi repudiado por Novalis, não lhe restou outra saída senão poetizar liricamente as estruturas em sua existência objetiva e criar assim um mundo belo e harmonioso, mas que permanece em si sem relações, que se prende apenas reflexivamente, apenas por estados de ânimo, mas não epicamente, tanto à definitiva transcendência tornada real quanto à interioridade problemática, e portanto não pode tornar-se uma verdadeira totalidade.

Nem mesmo em Goethe a superação desse perigo é livre de problemas. Por mais forte que seja a ênfase conferida à simples natureza potencial e subjetiva da penetração do sentido na esfera social do advento, a ideia comunitária que dá sustentação a todo o edifício exige que as estruturas possuam aqui uma substancialidade maior e mais objetiva, e com isso uma adequação mais autêntica aos sujeitos do dever-ser do que era dado às esferas superadas. Essa superação objetivista da problemática fundamental, porém, tem de aproximar o romance à epopeia; ora, concluir como epopeia o iniciado como romance é tão impossível quanto capturar esse transcender por meio de nova configuração irônica e torná-lo perfeitamente homogêneo ao restante da massa romanesca. Por isso, à atmosfera maravilhosamente uniforme do teatro, nascida do verdadeiro espírito da forma romanesca, tem de contrapor-se, como símbolo do império ativo da vida, o mundo transcendente e portanto fragmentário da nobreza. É verdade que a introjeção do estamento é configurada em grande força épico-sensível pela natureza dos casamentos que concluem o romance, razão pela qual também a superioridade objetiva do estamento é rebaixada a uma simples ocasião oportuna para uma vida mais livre e generosa, que porém se abre a todos os que possuem os requisitos intrínsecos necessários para tanto. Apesar dessa ressalva irônica, o estamento é elevado a uma altura de substancialidade à qual é incapaz de igualar-se internamente: em sua moldura, ainda que restrita a um círculo limitado, deve despontar uma floração cultural ampla e abrangente, capaz de assimilar em si a solução dos mais variados destinos individuais; sobre o mundo delimitado e construído pela nobreza, portanto, há de derramar-se algo do brilho aproblemático da epopeia. E nem mesmo o mais refinado tato artístico de Goethe, a maneira com que introduz e faz emergir novos problemas, pode furtar-se à consequência imanente da situação final do romance. Nesse mun-

Os anos de aprendizado de Wilhelm Meister

do mesmo, entretanto, em sua adequação meramente relativa à vida essencial, não reside nenhum elemento que ofereça a possibilidade de semelhante estilização. Para tanto, foi necessário o criticado aparato fantástico dos últimos livros, a torre misteriosa, os iniciados oniscientes que atuam providencialmente etc. Goethe lançou mão aqui dos meios de configuração da epopeia (romântica), e se de novo tentou rebaixar tais meios absolutamente necessários à configuração da relevância sensível e do peso do desenlace através do tratamento leve e irônico, se tentou despir-lhes o caráter epopeico e convertê-los em elementos da forma romanesca, seu fracasso era então inevitável. Sua ironia configuradora, que no mais provera de substância suficiente o indigno de figuração e contivera, com a imanência da forma, todo o movimento transcendente, aqui só pode depreciar o maravilhoso ao revelar-lhe o caráter lúdico, arbitrário e em última análise inessencial, mas não o impede de romper, numa dissonância, a sinfonia do todo: ele se torna um segredinho sem sentido oculto mais profundo, um tema narrativo de acentuado destaque sem verdadeira importância, um ornato lúdico sem encanto decorativo. E isso, no entanto, é mais do que uma concessão ao gosto da época (como alguns entendem como escusa),[31] e apesar de tudo é totalmente impossível pensar de algum modo o *Wilhelm Meister* sem esse "maravilhoso" tão inorgânico. Foi uma necessidade essencial da forma que forçou Goethe a utilizá-lo; e sua aplicação teve de fracassar somente porque, em correspondência com a

---

[31] Ver por exemplo a carta de Schiller a Goethe, datada de 8 de julho de 1796: "Creio notar que uma certa condescendência para com o lado fraco do público induziu-o a perseguir um objetivo mais teatral, e por meios mais teatrais do que o necessário e justo num romance". Goethe/Schiller, *Briefwechsel*, edição citada, pp. 127 ss. (N. do T.)

mentalidade de mundo do escritor, tinha ela em vista uma forma menos problemática que a permitida pelo seu substrato, a época a ser configurada. Aqui é também a mentalidade utópica do escritor que não suporta limitar-se à reprodução da problemática dada pelo tempo e contentar-se com o vislumbre e a vivência subjetiva de um sentido irrealizável; que o obriga a pôr uma experiência puramente individual, talvez universalmente válida em postulado, como sentido existente e constitutivo da realidade. Contudo, a realidade não se deixa alçar à força a esse nível de sentido, e — como em todos os problemas decisivos da grande forma — não existe arte de configuração grande e magistralmente madura o suficiente que seja capaz de transpor esse abismo.

4. Tolstói e a extrapolação das formas sociais de vida

Seja como for, essa transcendência rumo à epopeia permanece no interior da vida social e rompe a imanência da forma apenas na medida em que, no ponto decisivo, atribui ao mundo a ser configurado uma substancialidade que, por mais mitigada que seja, ele de modo algum é capaz de suportar e manter em equilíbrio. A mentalidade voltada ao que está além dos problemas, à epopeia, visa aqui somente a um ideal utópico-imanente das formas e estruturas sociais, e por isso não transcende essas formas e estruturas em geral, mas apenas suas possibilidades concretas historicamente dadas, o que basta, sem dúvida, para romper a imanência da forma. Uma tal atitude surge pela primeira vez no romance da desilusão, no qual a incongruência entre interioridade e mundo convencional tem de conduzir a uma negação completa desse último. Mas enquanto essa negação significa meramente uma atitude interior, a imanência do romance,

Tolstói e a extrapolação das formas sociais de vida

na forma consumada, mantém-se intacta, e no caso de falta de equilíbrio trata-se antes de um processo de desintegração lírico-psicológico da forma em geral do que de uma transcendência do romance rumo à epopeia. (A posição peculiar de Novalis já foi analisada.) A transcendência, contudo, é inevitável quando a rejeição utópica do mundo convencional objetiva-se numa realidade igualmente existente e a defesa polêmica adquire assim a forma da configuração. Uma tal possibilidade não foi dada à evolução histórica da Europa ocidental. A exigência utópica da alma dirige-se aqui a algo de antemão irrealizável: a um mundo exterior que seja adequado a uma alma diferenciada e refinada ao extremo, uma alma tornada interioridade. O repúdio à convenção não tem em vista, entretanto, a própria convencionalidade, mas em parte o seu alheamento da alma, em parte a sua falta de requinte; em parte a sua natureza alheia à cultura e meramente civilizatória,[32] em parte a sua árida e ressequida ausên-

---

[32] *Civilização* e *cultura* eram as duas bandeiras sob as quais lutavam os intelectuais europeus nos anos que antecederam a Primeira Grande Guerra. Thomas Mann, por exemplo, em suas *Considerações de um apolítico*, redigidas nos anos de guerra, escande seu ódio contra os "literatos da civilização", sob cuja carapuça achava-se seu irmão Heinrich, ferrenho opositor do conflito bélico. Quem cerrava fileiras com a *civilização* tendia, de maneira geral, ao cosmopolitismo e à chamada democracia; quem festejava, por sua vez, a *cultura* encerrava-se no universo aristocrático já bastante decadente, encabeçado, como era de esperar, pelo espírito germânico. Ver T. Mann, *Betrachtungen eines Unpolitischen, in Gesammelte Werke*, vol. XII, Frankfurt/M., Fischer, 1960, principalmente capítulos 6 e 10. Lepenies assim resume o contexto da época: "O atraso político e social da Alemanha em relação a seus vizinhos ocidentais faz parte, até mesmo no século XX, dos temas constantes da reflexão do alemão sobre si mesmo; e, se há uma ideologia alemã, ela consiste menos em investigar as causas e buscar soluções para esse atraso do que em contrapor, numa mistura de orgulho e pesar, o Romantismo à Ilustração, o

cia de espiritualidade. Trata-se sempre, contudo — afora puras tendências anarquistas, que quase podem ser denominadas místicas —, de uma cultura objetivada em estruturas que seria adequada à interioridade. (Eis o ponto no qual o romance de Goethe trava contato com esse desenvolvimento, se bem que nele essa cultura seja encontrada, de onde nasce o ritmo peculiar do *Wilhelm Meister*: a progressiva superação da expectativa através de camadas cada vez mais essenciais das estruturas, que o herói atinge com crescente maturidade — com crescente renúncia ao idealismo abstrato e ao romantismo utópico.) Tal crítica só pode expressar-se, portanto, liricamente. Mesmo em Rousseau, cuja visão de mundo romântica tem como conteúdo uma recusa de todo o mundo cultural das estruturas, a polêmica configura-se apenas polemicamente, isto é, retórica, lírica e reflexivamente; o mundo da cultura da Europa ocidental radica tão fortemente na inevitabilidade de suas estruturas construtivas que ela jamais será capaz de enfrentá-lo senão como polêmica.

Somente a maior proximidade aos estados orgânico-naturais de origem, dados na literatura russa do século XIX como

---

Estado de castas à sociedade industrial, a Idade Média à Modernidade, a cultura à civilização, a subjetividade à objetividade, a comunidade à sociedade e o sentimento [*Gemüt*] ao intelecto, para finalmente chegar à glorificação de um trajeto exclusivamente alemão e à exaltação da essência alemã", *in* W. Lepenies, *As três culturas*, São Paulo, Edusp, 1996, p. 203. Quanto à posição do jovem Lukács, chamado de "protagonista (secreto) no drama intelectual da época", e seu entusiasmo pela "ideia russa" em oposição à "guerra alemã", ver F. Fehér, "Am Scheideweg des romantischen Antikapitalismus: Typologie und Beitrag zur deutschen Ideologiegeschichte gelegentlich des Briefwechsels zwischen Paul Ernst und Georg Lukács", *Die Seele und das Leben: Studien zum frühen Lukács* [A alma e a vida: estudos sobre o jovem Lukács], Frankfurt/M., Suhrkamp, 1977, pp. 275-301. (N. do T.)

Tolstói e a extrapolação das formas sociais de vida

substrato de sua mentalidade e configuração, torna possível uma tal polêmica criativa. Depois de Turguiêniev, romântico da desilusão essencialmente "europeu", Tolstói criou essa forma de romance com a mais forte transcendência rumo à epopeia. A grande mentalidade de Tolstói, verdadeiramente épica e afastada de toda a forma romanesca, aspira a uma vida que se funda na comunidade de homens simples, de mesmos sentimentos, estreitamente ligados à natureza, que se molda ao grande ritmo da natureza, move-se segundo sua cadência de vida e morte e exclui de si tudo o que é mesquinho e dissolutivo, desagregador e estagnante das formas não naturais. "O mujique morre tranquilamente", escreve ele à condessa A. A. Tolstói sobre sua novela *Três mortes*: "Sua religião é a natureza com que viveu. Derrubou árvores, semeou centeio, ceifou-o, abateu cordeiros, cordeiros nasceram em sua terra e crianças vieram ao mundo, idosos morreram, e ele conhece com exatidão essa lei da qual nunca se afastou, ao contrário da senhoria, e a encara nos olhos de modo simples e direto. [...] A árvore morre serenamente, simples e bela. Bela porque não mente, porque não faz caretas, nada teme e nada lamenta".

O paradoxo de sua posição histórica, que prova mais do que tudo o quanto o romance é a forma épica necessária de nossos dias, mostra-se no fato de que esse mundo, mesmo em sua obra, que não somente o almeja mas também o vislumbra e configura de maneira rica, clara e concreta, não se deixa converter em movimento, em ação; no fato de que esse mundo permanece apenas um elemento da configuração épica, mas não é a realidade épica ela própria. Pois o mundo orgânico e natural da antiga epopeia era afinal uma cultura cuja qualidade específica consistia no seu caráter orgânico, ao passo que a natureza, posta como ideal e experimentada como existente por Tolstói, é imaginada, em sua essência mais recôndita, como natureza, e como tal oposta à cultura. Que uma tal oposição seja necessária é a problemática

A teoria do romance

insolúvel dos romances de Tolstói. Em resumo, sua intenção épica teve de desembocar numa forma romanesca problemática não porque ele não tenha realmente superado em si a cultura, ou porque sua relação com o que experimentou e configurou como natureza seja meramente sentimental, não por causas psicológicas, mas por razões de forma e da relação dela com seu substrato histórico-filosófico.

Uma totalidade de homens e acontecimentos só é possível sobre o solo da cultura, qualquer que seja a atitude que se adote em relação a ela. O decisivo — tanto como esqueleto quanto como carnadura concreta de conteúdo — das obras épicas de Tolstói pertence por isso ao mundo da cultura por ele repudiado como problemático. Como porém a natureza, embora não possa integrar-se numa totalidade imanentemente fechada e perfeita, é algo também objetivamente existente, surgem na obra duas camadas de realidades totalmente heterogêneas não somente no valor atribuído, mas também na qualidade de seu ser. E a relação entre ambas, que primeiro possibilita a construção de uma totalidade da obra, pode apenas significar o caminho vivido que conduz de uma à outra — ou, para ser mais exato, e considerando-se que a direção está implicada no resultado da valoração, o caminho que conduz da cultura à natureza. Desse modo — como resultado paradoxal da relação paradoxal entre a mentalidade do escritor e a era histórica com que ele se depara — uma experiência sentimental e romântica torna-se o centro de toda a configuração: a insatisfação dos homens essenciais com tudo quanto lhes possa oferecer o mundo circundante da cultura, e a partir do seu repúdio, a busca e a descoberta da outra realidade mais essencial da natureza. O paradoxo resultante desse tema avulta ainda mais pelo fato de essa "natureza" de Tolstói não possuir a plenitude e a perfeição que a permitiria tornar-se, como o mundo em comparação substancialíssimo do desfecho de Goethe, uma pátria para a consecução e o repouso. Ela é antes a mera garantia efetiva de que existe realmente uma vida essencial para além da convencionalidade — uma vida que pode ser alcançada nas experiências da individualidade plena e autêntica, na vivência própria da alma, mas da qual se tem inapelavelmente de resvalar para o outro mundo.

Nem sequer através da posição peculiar conferida a amor e casamento, entre natureza e cultura — em ambas aclimatados e em ambas estrangeiros —, Tolstói é capaz de escapar a tais consequências desoladoras de sua visão de mundo, por ele inferidas com a implacabilidade heroica de um escritor de envergadura histórica mundial. No ritmo da vida natural, o ritmo sem *pathos* e espontâneo do devir e do perecer, o amor é o ponto onde os poderes dominantes da vida configuram-se da maneira mais concreta e patente. Ora, o amor como puro poder natural, como paixão, não pertence ao mundo tolstoiano da natureza; para tanto ele é demasiado preso à relação de indivíduo para indivíduo, e por isso isola em demasia, cria um exagero de gradações e requintes, é demasiadamente cultural. O amor que ocupa a verdadeira posição central nesse mundo é o amor como casamento, o amor como união — sendo que o fato de estar unido e de tornar-se uno é mais importante do que a pessoa envolvida —, o amor como meio de procriação; o casamento e a família como motor da continuidade natural da vida. Que com isso se acresça ao edifício uma discrepância intelectual pouco significaria em termos artísticos se essa oscilação não criasse uma camada de realidade heterogênea às demais, que não pode estabelecer um vínculo composicional com ambas as esferas por si mesmas heterogêneas, e que por isso, quanto mais autenticamente é configurada, mais violentamente tem de transformar-se no contrário do que se tencionava: o triunfo desse amor sobre a cultura deve ser uma vitória do original sobre o falsamente requintado, mas torna-se uma desalentadora deglutição, pela natureza que vive no homem, de tudo quanto é humanamente elevado e grande, mas que, na medida em que realmente frui da vida — em nosso mundo da cultura —, só pode viver como adaptação à convenção mais baixa, estúrdia e abandonada pelas ideias. Por isso o estado de ânimo do epílogo de *Guerra e paz*, a serena atmosfera de quarto de crianças, onde toda busca encontrou seu termo, é de uma desolação mais profunda que o final do mais problemático romance da desilusão. Aqui, nada restou do que antes houvera; assim como a areia do deserto encobre as pirâmides, todo o espiritual[33] foi sorvido e reduzido a nada pela natureza animalesca.

A esse indesejado desconsolo do final segue-se um outro, agora desejado: a descrição do mundo convencional. A atitude aprobatória e reprovadora de Tolstói desce a cada detalhe da representação. A falta de objetivo e substância dessa vida exprime-se não apenas objetivamente, para o leitor que assim a reconhece, também não apenas como experiência da gradual decepção, mas como um vazio móvel, apriorístico e fixo, um tédio irrequieto. Toda conversa e todo acontecimento porta com isso o selo desse juízo que sobre eles profere o escritor.

A esses dois grupos de vivências contrapõe-se a vivência essencial da natureza. Em grandes momentos, bastante raros — em geral momentos de morte —, abre-se ao homem uma realidade na qual ele vislumbra e apreende, com uma fulgência repentina, a essência que impera sobre ele e ao mesmo tempo em seu interior, o sentido de sua vida. Toda a vida pregressa submerge no nada diante dessa vivência, todos os seus conflitos, sofrimentos, tormentos e erros por eles causados manifestam-se inessenciais e rasteiros. O sentido é manifestado, e os caminhos rumo à vida

---

[33] Em alemão, *alles Seelische*. (N. do T.)

Tolstói e a extrapolação das formas sociais de vida

viva são franqueados à alma. E aqui outra vez, com a implacabilidade paradoxal do verdadeiro gênio, Tolstói põe a descoberto a profunda problemática de sua forma e dos fundamentos dela: são os grandes momentos da morte que prodigalizam essa felicidade decisiva — a vivência do Andrei Bolkonski mortalmente ferido no campo de batalha de Austerlitz, a experiência de comunhão entre Karênin e Vronski junto ao leito de morte de Ana —, e a verdadeira felicidade seria morrer de imediato, poder morrer daquele modo. Mas Ana convalesce e Andrei retorna à vida, e o grande momento desaparece, sem deixar traço. Volta-se a viver no mundo das convenções, volta-se a levar uma vida inessencial e sem rumo. Os caminhos indicados pelo grande momento perdem sua substancialidade e realidade norteadoras quando ele se extingue; não se pode mais trilhá-los, e quando se crê percorrê-los, essa realidade é uma amarga caricatura do que foi revelado pelo grande momento. (A vivência de Deus experimentada por Lévin e o decorrente apego ao que alcançara — apesar dos contínuos deslizes psíquicos — procedem mais da vontade e da teoria do pensador do que da visão do configurador. Ela é programática e não possui a evidência imediata de outros grandes momentos.) E os poucos homens realmente capazes de viver sua vivência — talvez Platon Karatáiev seja o único desses personagens — são necessariamente personagens secundários: todo o acontecimento resvala neles, eles jamais se enredam com sua essência nos acontecimentos, sua vida não se objetiva, não é configurável, apenas aludível, apenas determinável de modo artisticamente concreto em oposição às demais. Eles são conceitos estéticos limítrofes, não realidades.

A essas três camadas de realidade correspondem os três conceitos de tempo no mundo de Tolstói, e sua incompatibilidade revela ao máximo a problemática interna dessas obras tão ricas e entranhadamente configuradas. O mundo da convenção é na

A teoria do romance

verdade atemporal: uma monotonia eternamente recorrente e repetitiva desenrola-se segundo leis próprias alheias ao sentido — uma eterna mobilidade sem direção, sem crescimento, sem morte. As figuras são permutadas, mas nada ocorre com sua troca, pois todas são igualmente inessenciais, cada uma delas pode ser substituída por uma outra qualquer. E quando quer que se as abandone outra vez, é sempre a mesma inessencialidade variegada que se encontra ou de que se afasta. Sob ela murmureja o rio da natureza tolstoiana: a constância e a monotonia de um ritmo eterno. E aqui o que se altera é também apenas algo inessencial: o destino individual que lhe está preso, que emerge e submerge, cuja existência não possui um significado que se funde nele próprio, cuja relação com o todo não assimila sua personalidade, mas a aniquila, que é para o todo — como destino individual, não como um elemento rítmico ao lado de um sem-número de outros homogêneos e equivalentes — completamente insignificante. E os grandes momentos, que fazem reluzir o pressentimento de uma vida essencial, de um decurso temporal preso ao sentido, mantêm-se momentos: isolados dos outros dois mundos, sem relacionamento constitutivo com eles. Os três conceitos de tempo, portanto, além de heterogêneos e incompatíveis entre si, não expressam uma verdadeira duração, o verdadeiro tempo, o elemento vital do romance. A extrapolação da cultura somente crestou a cultura, não a substituiu por uma vida mais segura e essencial; o transcender da forma romanesca a torna ainda mais problemática — em termos puramente artísticos, os romances de Tolstói são tipos extremados do romantismo da desilusão, um barroco da forma de Flaubert —, sem aproximar-se mais do que as outras ao objetivo almejado na configuração concreta: a realidade aproblemática da epopeia. Pois o mundo intuitivamente vislumbrado da natureza essencial permanece pressentimento e vivência, e portanto subjetivo e reflexivo para a realidade configurada; ele é, contudo — em termos puramente artísticos —, homogêneo a toda a aspiração por uma realidade mais adequada.

A evolução histórica não foi além do tipo do romance da desilusão, e a mais recente literatura não revela nenhuma possibilidade essencialmente criativa, plasmadora de novos tipos:[34] há um epigonismo eclético de antigas espécies de configuração, que apenas no formalmente inessencial — no lírico e no psicológico — parece ter forças produtivas.

O próprio Tolstói, sem dúvida, ocupa uma posição dúbia. Numa consideração voltada puramente à forma — que precisamente nele, porém, é incapaz de fazer jus ao aspecto decisivo de sua intenção e mesmo de seu mundo configurado —, ele tem de ser concebido como o fecho do Romantismo europeu. Mas nos poucos momentos realmente grandes de sua obra, que têm de ser apreendidos como subjetivo-reflexivos apenas formalmente, apenas em relação ao todo configurado na obra, é indicado um mundo nitidamente diferenciado, concreto e existente que, caso pudesse expandir-se em totalidade, seria completamente inacessível às categorias do romance e necessitaria de uma nova forma de configuração: a forma renovada da epopeia.

É a esfera de uma realidade puramente anímica, na qual o homem aparece como homem — e não como ser social, mas

---

[34] Jauss sugere que o pessimismo de Lukács quanto ao futuro do romance pode ser debitado na conta do naturalismo então em voga, de que ele certamente, em toda a sua obra de juventude, mostra-se pouco amigo. Cf. H. R. Jauss, *Zeit und Erinnerung in Marcel Prousts* À la recherche du temps perdu: *ein Beitrag zur Theorie des Romans* [Tempo e recordação em *À la recherche du temps perdu* de Marcel Proust: uma contribuição à teoria do romance], Frankfurt/M., Suhrkamp, 1986, p. 19. (N. do T.)

A teoria do romance

tampouco como interioridade isolada e incomparável, pura e portanto abstrata —, na qual, se um dia existir como espontaneidade ingenuamente vivenciada, como a única realidade verdadeira, será possível construir uma totalidade nova e integrada de todas as substâncias e relações nela possíveis — totalidade esta que deixará tão para trás nossa realidade cindida, só a usando como pano de fundo, quanto o nosso mundo dualista, social e "interior", deixou para trás o mundo da natureza. Mas essa mudança nunca pode ser realizada pela arte: a grande épica é uma forma ligada à empiria do momento histórico, e toda tentativa de configurar o utópico como existente acaba apenas por destruir a forma sem criar realidade. O romance é a forma da época da perfeita pecaminosidade, nas palavras de Fichte,[35] e terá de permanecer a forma dominante enquanto o mundo permanecer sob o jugo dessa constelação. Em Tolstói eram visíveis os vislumbres de uma ruptura para uma nova época mundial: eles permaneceram, contudo, polêmicos, nostálgicos e abstratos.

Somente nas obras de Dostoiévski esse novo mundo, longe de toda a luta contra o existente, é esboçado como realidade simplesmente contemplada. Eis por que ele e a sua forma estão excluídos dessas considerações: Dostoiévski não escreveu romances, e a intenção configuradora que se evidencia em suas obras nada tem a ver, seja como afirmação, seja como negação, com o romantismo europeu do século XIX e com as múltiplas reações igualmente românticas contra ele. Ele pertence ao novo mundo. Se ele já é o Homero ou o Dante desse mundo ou se apenas fornece as canções que artistas posteriores, juntamente com outros precursores, urdirão numa grande unidade, se ele é apenas um

---

[35] J. G. Fichte, "Grundzüge des gegenwärtigen Zeitalters", *in Werke*, vol. VII, Berlim, Walter de Gruyter & Co., 1971, p. 12. (N. do T.)

começo ou já um cumprimento — isso apenas a análise formal de suas obras pode mostrar.[36] E só então poderá ser tarefa de uma exegese histórico-filosófica proferir se estamos, de fato, prestes a deixar o estado da absoluta pecaminosidade ou se meras esperanças proclamam a chegada do novo — indícios de um porvir ainda tão fraco que pode ser esmagado, com o mínimo de esforço, pelo poder estéril do meramente existente.[37]

---

[36] Num ensaio de 1916 sobre um drama de Paul Ernst, *Ariadne auf Naxos*, Lukács indaga-se: "E se a obscuridade de nossa falta de objetivos não passar da obscuridade da noite entre o crepúsculo de um deus e a aurora de outro? [...] E estamos seguros de que encontramos aqui — no mundo trágico abandonado por todos os deuses — a razão final? Ou melhor, não há em nosso abandono um grito de dor e de nostalgia para o deus que vem? E neste caso, a luz ainda trêmula que nos aparece ao longe não é mais essencial que a claridade enganadora do herói? [...] Desta dualidade saíram os heróis de Dostoiévski: ao lado de Nikolai Stavróguin, o príncipe Míchkin; ao lado de Ivan Karamazov, seu irmão Aliocha", *apud* M. Löwy, *Para uma sociologia dos intelectuais revolucionários*, São Paulo, Lech, 1979, pp. 130 ss., nota 101. (N. do T.)

[37] Em 1973, o Arquivo Lukács da Academia Húngara de Ciências tomou posse de uma valise depositada por Lukács em novembro de 1917 no Deutsche Bank de Heidelberg, pouco antes de regressar a Budapeste. Dentro dela havia correspondências, manuscritos e apontamentos à luz dos quais se pôde compreender melhor o esqueleto do livro sobre Dostoiévski, encontrado logo após sua morte, em 1971, e que aqui reproduzo:

"I. *A interioridade e a aventura*

O problema do Romantismo — *como problema contrastante de D.* [Dostoiévski]

Romance e epopeia

O 'teórico' na épica

A alma *desperta* como realidade

Intelectualismo: o romance policial de D. e o romance de aventuras dos outros (crítica da *convenção*)

Psicologia alegórica da ação
D. sobre psicologia
Valor estético do crime
O problema da realidade (! II)
D. e Dante e a epopeia terrena
Posição sobre a tragédia ('Arte Dramática' de D.) e o drama da graça também III composição de D.
A infantilidade dos heróis (maturidade dos outros)
O ridículo
O pronto ato heroico (? III. relação com Schiller; II)
Os valores do mundo

Novelas de D. Boa invenção, mas — (falta o esti[lo] — Humilhados como transição —. Também Casa dos Mortos, em que a falta de amplitude é balanceada por '.....'.) Relação com a não-solidão (e com o pano de fundo) dos personagens de D. (p. ex. o Eterno Marido)

II. *O mundo sem deus*

Ateísmo russo e europeu — a nova moral (suicídio) (Modificação do mundo)

Jeová
O cristianismo
O Estado
O socialismo
A solidão
Tudo é permitido: problema do terrorismo (Judite: transgressão)
O homem natural: impossibilidade do amor ao próximo
O idealismo abstrato; linha: Schiller-D.

III. A luz vindoura (Aurora no início) Pobreza de espírito — bondade (..... - .....) Equívoco de D.: posição sobre o cristianismo e a revolução

'Todos os homens': metafísica do socialismo
Democracia ética: metafísica do Estado (relação com II.)
Comunidade mística russa
Rússia e Europa (tema: Inglaterra, França, Alemanha)
Filosofia da história sobre a forma de D.
A tragédia alemã; mística e *polis*: conceito de dever

Sofrimento: paraclético-ensaístico
1ª-2ª Ética. Metafísica como canto de consolo"

In F. Fehér, "Am Scheideweg des romantischen Antikapitalismus [...]", *Die Seele und das Leben*, edição citada, pp. 323 ss., nota 30. Para detalhes acerca do influxo de Dostoiévski sobre Lukács, ver M. Löwy, "Der junge Lukács und Dostojewski", *in Georg Lukács: Jenseits der Polemiken* [Georg Lukács: para além das polêmicas], Frankfurt/M., Sendler, 1986, pp. 23-37. (N. do T.)

Posfácio do tradutor*

José Marcos Mariani de Macedo

Desde que chegou a Heidelberg, em meados de maio de 1912, Lukács sempre contou com o apoio e a boa vontade de Max Weber, em cuja residência logo passou a frequentar os encontros dominicais, que reuniam a fina flor da intelectualidade alemã da época. Aos 27 anos completos, o aluno dileto de Georg Simmel, com quem estudara em Berlim, desembarcou com o firme propósito de obter uma cátedra universitária. Seu livro de ensaios publicado no ano anterior na Alemanha, *A alma e as formas*,[1] embora bem-visto por intelectuais de renome, não empolgou a quem mais devia — o círculo dos professores acadêmicos. Em 22 de julho de 1912, Weber noticia em carta que um deles, de fato, torcera o nariz ao caráter pouco sistemático da obra. Paternal, o sociólogo aconselha: "Só posso *reiterar* minha visão sobre o assunto: se você tiver condições de submeter uma obra *acabada*,

---

* Este trabalho é uma versão ligeiramente modificada de um estudo apresentado como dissertação de mestrado junto ao Departamento de Letras Modernas da Universidade de São Paulo, em 1997, sob orientação da professora Irene Aron, a quem o autor é profundamente grato.

[1] *Die Seele und die Formen*, Neuwied e Berlim, Hermann Luchterhand, 1971. O original em húngaro é de 1910 e reúne textos do chamado "período ensaístico" (1908-10) do autor.

A teoria do romance

não apenas um capítulo, mas algo em si 'completo', suas chances de um resultado positivo aumentarão em muito".[2]

Lukács ocupava-se, então, em redigir o projeto de sua *Estética*, concebido no inverno de 1911-12 na cidade de Florença. À primeira leitura dos capítulos que lhe eram endereçados, Weber não esconde a admiração pela obra em andamento.[3] Talvez o sociólogo já farejasse a dificuldade em dar remate a um texto de inegável bossa, mas que era cozinhado em fogo brando, com trechos escritos em prestações. Embora lhes faltasse o veio sistemático, as partes eram promissoras o bastante para serem acumuladas pouco a pouco, à espera do cimento que lhes desse liga. Sempre pronto ao incentivo, Weber comenta: "Uma coisa é certa: quanto mais material você tiver à mão, melhores serão as suas chances de sucesso numa situação crivada de dificuldades".[4]

---

[2] G. Lukács, *Selected Correspondence 1902-1920*, Nova York, Columbia University Press, 1986, pp. 204 ss. Selecionada, organizada, traduzida e anotada por Judith Marcus e Zoltán Tar.

[3] Ver por exemplo a carta de 10 de março de 1913: "Depois de ver a estética abordada do ponto de vista do receptor e, mais recentemente, do criador, é um prazer ver a própria 'obra' ganhar voz", *in Selected Correspondence 1902-1920*, edição citada, p. 222. Em seu livro *Ciência como vocação* (1917), Weber confere destaque ao resultado de suas conversas com Lukács: "A questão nos recorda ainda o ponto de vista dos estetas modernos que partem (expressamente — como por exemplo G. von Lukács — ou efetivamente) do pressuposto: 'há obras de arte' — e então perguntam: como isto é (significativamente) possível?", *in* M. Weber, *Gesammelte Aufsätze zur Wissenschaftslehre*, Tübingen, 1922, p. 552; esse é, de fato, o mote que abre e guia toda a primeira estética de nosso autor, publicada postumamente sob o título *Heidelberger Philosophie der Kunst 1912-1914* [Filosofia da arte de Heidelberg], Neuwied, Hermann Luchterhand, 1974, organizada por György Márkus e Frank Benseler.

[4] Carta de 22 de março de 1913, *in Selected Correspondence 1902-1920*, edição citada, p. 223.

Posfácio do tradutor

Tais dificuldades se agravaram com a eclosão da guerra. No outono de 1914, com apenas três capítulos — ainda incompletos — de sua obra estética, Lukács diminui o passo de sua atividade, a fim de reunir material para um novo texto. Em carta a Paul Ernst, supostamente de março de 1915, relata ele: "Ocupo-me agora, finalmente, com meu novo livro sobre Dostoiévski (por ora, deixo a *Estética* de lado). O livro, contudo, irá além de Dostoiévski; conterá minha ética metafísica e uma parte significativa de minha filosofia da história".[5]

Curvado sob o projeto descomunal, premido pelos tempos, Lukács toma a decisão de amarrar melhor os conceitos e truncar mais esse esboço; em recompensa, *A teoria do romance* (correspondente, em linhas gerais, ao primeiro capítulo do livro) ganhou a coesão relativa da forma ensaística. Já resignado, ele torna a escrever a Ernst, no início de agosto de 1915: "Interrompi o livro sobre Dostoiévski, que se tornou demasiado grande. Dele resultou um longo ensaio: *A estética do romance*".[6]

Menos de um mês depois, Lukács vê seu nome na lista dos convocados para o serviço militar e retorna a Budapeste, onde permanece por quase um ano. Ao longo desse período, no qual presta serviços no Departamento Militar de Censura, ele mantém o contato epistolar com Weber, sempre com um olho na possível cátedra universitária em Heidelberg. Weber, porém, e isso em nada espanta Lukács, manifesta profundo pesar e reprovação no tocante ao novo projeto. Por volta de meados de dezembro, Lukács tenta pôr panos quentes na situação:

---

[5] *Selected Correspondence 1902-1920*, edição citada, p. 244.

[6] Carta de 2 de agosto de 1915, *in Selected Correspondence 1902-1920*, edição citada, pp. 252 ss.

Eu esperava por seu dissabor com a minha *Estética do romance*. Mas estou ansioso para saber se a elaboração subsequente conseguiu lhe conciliar a simpatia; em outras palavras, se foi capaz de induzi-lo a fazer as pazes com a introdução. [...] Não fosse pelo meu serviço militar ou pelo fato de o término da guerra não se achar absolutamente à vista, aceitaria as consequências, desistiria da ideia de publicar esse fragmento e esperaria até que todo o livro sobre Dostoiévski estivesse concluído. Mas nessa situação, na qual não posso dizer quando retomarei um trabalho mais substancial nem se retornaria (talvez daqui a anos) diretamente a esse mesmo projeto, e não à *Estética*, acho difícil mesmo ponderar uma espera mais longa. Quanto a mim, uma revisão completa está fora de cogitação.[7]

Apesar das reservas ao ensaio,[8] Weber desdobra-se, a pedido de Lukács, na tarefa de convencer Max Dessoir, em cuja revista primeiro veio à luz *A teoria do romance*, a publicar o texto integral, e não somente a segunda parte. Ainda em Budapeste, Lukács insiste na tecla da atividade docente e repisa com Weber o conflito de opiniões acerca da *Teoria do romance*: "Bem entendo que você tenha algumas dúvidas sobre a maneira peculiar de minha escrita, mas, como sabe, sou incapaz de partilhá-las. Inúmeras vezes, reprovo-me o fato de, dentro da forma que escolhi, estar produzindo uma obra desigual (a *Teoria do romance* tem níveis muito diversos de intensidade e concentração) e de que ela te-

---

[7] Carta de meados de dezembro de 1915, *in Selected Correspondence 1902-1920*, edição citada, pp. 253 ss.

[8] "Como lhe disse antes, também sou da opinião de que a primeira parte é quase ininteligível para todos, exceto aqueles que *o conhecem* intimamente", *in Selected Correspondence 1902-1920*, edição citada, p. 255, carta de 23/12/1915.

Posfácio do tradutor

nha de ser lida duas vezes. [...] Tudo que tem algum valor há de ser lido duas vezes [...]".[9]

Apenas em julho de 1916 ele se desincumbe de todos os deveres militares e em agosto regressa a Heidelberg, de onde Weber, em complemento a uma conversa mantida no dia anterior, lhe passa uma descompostura velada e por pessoa interposta, embora nem por isso menos taxativa:

> Tenho de ser honesto com você e relatar-lhe o que um amigo *muito* próximo — *Lask* — disse de você: "ele nasceu um ensaísta e não persistirá no trabalho sistemático (profissional); ele *não deveria*, portanto, candidatar-se à docência". [...] Com base no que você nos leu dos brilhantes capítulos introdutórios de sua *Estética*, discordo veementemente dessa opinião. E como sua repentina inflexão para Dostoiévski pareceu *dar respaldo* a essa opinião (de Lask), *odiei* e continuo a odiar essa obra. Se você realmente toma como um fardo e uma frustração intoleráveis a necessidade de rematar uma obra sistemática antes de começar outra, é com pesar que o aconselho a desistir de qualquer pretensão à atividade docente.[10]

Vindo de quem vinha, a censura há de ter calado fundo em Lukács. Sem perspectivas, e instigado pelo amigo, ele retoma os antigos projetos para pleitear uma cátedra, mas faz tábua rasa da

---

[9] Carta de 17/01/1916, *in Selected Correspondence 1902-1920*, edição citada, p. 258. Ernst Troeltsch também faz constar, a despeito do elogio que presta, as rebarbas na leitura da obra: "Você há de saber que ela torna a leitura difícil, porque está cheia de abstrações, e é preciso fornecer as ilustrações para a maioria delas. Em consequência, fica-se muitas vezes em dúvida se a inferência ou a conclusão está correta", *idem*, p. 271, carta de 10/01/1917.

[10] Carta de 14 de agosto de 1916, *in Selected Correspondence 1902-1920*, edição citada, p. 264.

A teoria do romance

redação anterior de sua *Estética*, dela aproveitando somente um capítulo.[11]

Que Lukács fosse capaz de um trabalho sistemático de fôlego, já o demonstra sua obra inaugural, a *História do desenvolvimento do drama moderno*, a cuja redação devotou os anos de 1906-07 e que, depois de obter o prêmio oferecido pela Sociedade Kisfaludy de Budapeste, sofreu uma substancial revisão em 1908-09, para então ser editada em 1911.[12] Não se tratava, de fato, da incapacidade de um autor cuja pena viciara-se na duvidosa forma ensaística, mas de uma verdadeira adaptação formal à natureza da matéria. Como argumenta em carta de 14 de abril de 1915 (época em que redigia *A teoria do romance*) a Paul Ernst, se o crítico "tem de cobrir um vasto terreno e se tem a (infeliz) tendência de retraçar todos os problemas até suas raízes, então é absolutamente necessário alcançar um fluxo de pen-

---

[11] Esse trabalho também permaneceria em estado fragmentário e só viria a público postumamente, sob o título *Heidelberger Ästhetik 1916-1918* [Estética de Heidelberg], Neuwied, Hermann Luchterhand, 1974, organizada por György Márkus e Frank Benseler. Lukács chegou a candidatar-se à cátedra em 25 de maio de 1918, mas, apesar de todo o apoio, foi rejeitado (ver os documentos em "Die deutschen Intellektuellen und der Krieg", *Text+Kritik*, 39/40, Munique, Richard Boorberg, 1973, pp. 5-7). Em meados de dezembro do mesmo ano, ele ingressa no Partido Comunista e, logo após, é chamado a fazer parte do governo de Béla Kun. Nesse ponto, segundo a boa teoria, tem fim o chamado período do "jovem Lukács".

[12] *Entwicklungsgeschichte des modernen Dramas*, Darmstadt e Neuwied, Hermann Luchterhand, 1981. Escrita originalmente em húngaro, essa obra, em dois volumes, nasceu sob o influxo do grupo Thalia de teatro, do qual Lukács foi um dos fundadores em 1904. O Thalia foi concebido nos moldes do Freie Bühne de Berlim ou do Théâtre Libre de Paris e deu renovado alento à vida cultural de Budapeste, levando à cena peças de Strindberg, Hebbel, Gorki, Wedekind e Ibsen, de quem aliás Lukács traduziu *O pato selvagem* e com quem travou contato pessoal, no ano de 1902 (cf. *Selected Correspondence 1902-1920*, edição citada, p. 29).

Posfácio do tradutor

samento propriamente sinfônico, que é bastante diferente de um estilo sistemático-filosófico de escrita, com a sua estrutura arquitetônica".[13]

Ora, ao contrário do que achava Weber, *A teoria do romance* não foi uma empreitada às cegas, após a qual cabia chamar seu autor à razão para que seguisse o bom caminho dos estudos filosóficos de respeito. Ela veio precisamente compor o fecho de abóbada das ideias do jovem Lukács e unir em perspectiva os pontos dispersos nos escritos anteriores, compondo assim um texto encorpado e oportuno, de fundo conceitual rigoroso. Se o livro tropeçou, pelo menos num primeiro instante, no descrédito de Weber, isso se deveu à incapacidade de o sociólogo enxergar nele a súmula que reunia todo o arsenal crítico-literário do autor até então.

Antes de tudo, a forma do ensaio lhe permitia uma mobilidade de espírito apropriada a conjugar vários enfoques num feixe único, sem prejudicar o rigor intelectual. Ao proceder por tentativa, ao tatear em busca do objeto, o ensaio por assim dizer apalpa sua própria forma ao longo da exposição. O resguardo contra a abstração, porém, é a cifra de seu procedimento, pois o ensaio fala sempre do que já existe, do concreto bem amarrado à realidade. Balão cativo, o gênero ensaístico insere-se nessa moldura com um grão de ironia, ao tomar nas mãos o concreto miúdo e — por circunscrevê-lo ao máximo no processo da análise, por iluminá-lo de todos os pontos de vista possíveis — apontar o que se encontra além:

> Entendo aqui por ironia o fato de o crítico falar sempre das questões últimas da vida, mas sempre também num tom como se o assunto fosse apenas livros e imagens, apenas orna-

---

[13] *Selected Correspondence 1902-1920*, edição citada, p. 245.

mentos belos e inessenciais da grande vida. [...] o ensaio fala sempre de algo já formado ou, no melhor dos casos, de algo que já existiu; faz parte de sua essência, pois, que ele não engendre coisas novas a partir do puro nada, mas simplesmente reordene aquelas que viveram em algum tempo. [...] O ensaio é um tribunal, mas o que nele constitui o essencial e o caráter decisivo quanto a valores não é a sentença (como no sistema), mas o próprio processo de julgar.[14]

Embora trate de questões basicamente literárias, como na grande maioria dos escritos de juventude, *A teoria do romance* tem a política como seu ponto de fuga. Como ensaio que é, discute em pormenor o fenômeno literário, mas alude às "questões últimas da vida" (o que se tornaria mais evidente nos capítulos posteriores do livro esboçado). Num misto de lucidez conceitual e messianismo milenarista[15] — que dá bem a medida da atmosfera intelectual da época, situada a meio caminho entre pessimismo e euforia —, o livro mobiliza argumentos que não iriam redundar, necessariamente, no anseio pela "comunidade" em oposição à "sociedade", nos termos de Ferdinand Tönnies. Apesar de esta ser uma referência aparentemente decisiva para algumas passagens da obra, que têm como princípio o que Lukács cha-

---

[14] *Die Seele und die Formen*, Neuwied e Berlim, Hermann Luchterhand, 1971, pp. 18-9, 20 e 31.

[15] Emil Lask, amigo próximo de Lukács e participante do círculo de Weber, fazia correr, divertidamente, o seguinte epigrama: "Quais são os quatro evangelistas? Mateus, Marcos, Lukács e Bloch". Aliás, foi pelas mãos de Ernst Bloch que Lukács teve acesso aos encontros. Para maiores referências, ver E. Karádi, "Bloch und Lukács im Weber-Kreis", *in Verdinglichung und Utopie* [Coisificação e utopia], Frankfurt/M., Sendler, 1987, e M. Löwy, *Romantismo e messianismo*, São Paulo, Perspectiva, 1990.

mou, não sem malícia, de "anticapitalismo romântico", a verdadeira saída não seria a comunidade, mas a comuna russa, pautada pela bondade e o autossacrifício, e que teria por símbolo o herói dostoievskiano Aliocha Karamazov (o qual, numa possível continuação do romance, acabaria significativamente como terrorista revolucionário).[16]

O marxismo, portanto, não foi uma solução inevitável ao jovem pensador, numa linha evolutiva que levasse do incerto ao certo, do bom ao melhor. Ao contrário, as lentes marxistas viriam quase sempre (apesar de algumas exceções e dos temas recorrentes) a distorcer e como que contaminar o melhor do pensamento do jovem Lukács, ou seja, a sua análise do fenômeno literário.

* * *

A breve análise que segue pretende demonstrar que nos escritos do jovem Lukács, dos quais *A teoria do romance* é o ápice e o arremate, há uma teoria bastante minuciosa das formas literárias e uma poética dos gêneros tão abrangente quanto bem-fundamentada.

De início, busca-se reconstituir a doutrina geral das formas, que é, por assim dizer, o resíduo mínimo, o fio condutor a que se prende toda a crítica literária de Lukács — o conceito sobre cuja base se ergue a poética histórica e dedutiva dos gêneros. Segue-se, então, uma ampla paráfrase, que pretende hierarquizar ou orquestrar os blocos dispersos dos gêneros específicos, postos em movimento por uma poética concatenada e que, até agora, parece não ter sido ainda objeto de estudo.

---

[16] O texto paradigmático sobre o assunto encontra-se em F. Fehér, "Am Scheideweg des romantischen Antikapitalismus [...]", *in Die Seele und das Leben*, edição citada, principalmente pp. 275-320.

A teoria do romance

Tanto a doutrina das formas quanto a poética dos gêneros constituem requisitos básicos para a compreensão desembaraçada de *A teoria do romance*; sendo assim, esse breve ensaio tem em vista fornecer uma propedêutica ao texto e ressaltar que, além de uma obra inovadora sobre o gênero romanesco, *A teoria do romance* é um estudo abrangente dos gêneros literários como um todo.

1. Doutrina das formas e poética dos gêneros

> "[...] ler o mundo nas malhas da obra."
>
> *José Guilherme Merquior*

Todo o edifício da crítica literária no jovem Lukács assenta-se no conceito de forma; nele convergem os mosaicos da composição artística e a partir dele são ditados os parâmetros da avaliação estética. Aglutinadora, a forma vibra o diapasão que congrega a literatura num centro único e a delimita das outras esferas. Por esquivar-se a uma definição lapidar, a forma é plasmada aos poucos nos escritos de juventude, sendo polida sob diversos ângulos, irradiada sob diversas luzes. "Sem forma não há fenômeno literário";[17] talvez haja ciência, mas não literatura. Eis aí a cisão mais básica: "na ciência agem sobre nós os conteúdos, na arte as formas; a ciência nos oferece fatos e as suas correlações; a

---

[17] G. Lukács, "Zur Theorie der Literaturgeschichte" [Sobre a teoria da história da literatura], *in Text+Kritik*, 39/40, Munique, Richard Boorberg, 1973, p. 27. Escrita em 1909 e publicada em 1910, esta obra detalha os conceitos esboçados no prefácio da *História do desenvolvimento do drama moderno*. Citado de ora em diante como *ZThL*.

arte, porém, almas e destinos".[18] Vinculada por sua própria natureza aos conteúdos concretos, a ciência está fadada a padecer a ação do tempo; a cada avanço, a monografia científica anterior (que por sua vez terá desalojado outra, antecedente) é preterida em favor da novidade bem-fundamentada. Sua estrutura interna resolve-se nos desígnios técnicos, e suas observações, com o desenrolar das pesquisas, perdem o sentido à medida que envelhecem. Já a obra literária se acha imune à força corruptora do tempo por buscar abrigo na forma, que lhe avaliza a perenidade a despeito do caráter acentuadamente datado de seus conteúdos. Ou, dito de outra maneira: a literatura resgata o conteúdo com que preenche sua estrutura e lhe retira o cunho supérfluo ao dissolvê-lo totalmente na forma. Ao leito de fluxo constante que é a ciência — onde importa dar vazão ao fluxo de conceitos a revezarem-se uns aos outros —, a forma opõe um dique. Ela une os elos soltos numa engrenagem de rodas em concerto, na qual cada uma desempenha sua função específica. Em registro didático, a diferença entre a obra de arte e a obra científica reside em que "uma é finita, a outra infinita; uma é fechada, a outra aberta; uma é fim, a outra é meio. [...] Em suma, uma tem forma, a outra não" (*SuF*, p. 109).

Erro crasso, portanto, o de todo sociologismo literário que timbra em traçar uma linha direta entre os *conteúdos* da criação literária e o solo econômico ou social que os viu nascer. Sob pena de capitular a um enfoque redutor, a crítica há de buscar abaixo da superfície a raiz onde se encontram os conteúdos que unificam literatura e público. Se literatura é mediação, o vínculo só pode repousar em sua viga mestra, a *forma*, também ela um conceito mediador por excelência. "A forma é o verdadeiramente

---

[18] *Die Seele und die Formen* [*SuF*], edição citada, p. 9.

social na literatura; a forma é o único conceito que podemos obter da literatura e com cuja ajuda podemos proceder às relações entre a sua vida externa e interna" (*ZThL*, p. 29). À primeira vista, isso soa paradoxal: os leitores costumam mover-se apenas pela experiência do conteúdo que age sobre eles, enquanto os escritores tratam de solucionar problemas técnicos de expressão. Para além de ambos, experiência e técnica, a forma é esse ponto cego que empresta fibra aos elementos dispersos e os coordena numa totalidade, sem a qual não há concepção nem fruição *literárias*. Alegar que uma obra literária carece de forma é um absurdo: ou ela não integra a literatura ou sua forma não foi bem lograda. De fato, "é a forma que, em uma obra, ordena num todo fechado a vida nela contida como matéria, determina a cadência, o ritmo, as flutuações, o porte denso ou delgado, a dureza ou suavidade dessa vida" (*ZThL*, p. 31). É claro que não se deve hipostasiar a forma, transformando-a em realidade única e imediata, sedimentada em obras nas quais o ambiente mal arejado deixa entrever apenas os andaimes da estrutura armada com rigor — apenas o objetivo, mas não a via que a ele conduz. Isso não seria mais que a imagem em negativo de uma riqueza de conteúdos adversa a todo tipo de limitação, que sente a forma como embaraço e entorna seu material, por falta de recipiente apropriado.[19] No entanto, tal não constitui empecilho para que a forma seja apreendida destacada de seu conteúdo, como um molde reconstituído depois do gesso já pronto.

---

[19] "Assim, há hoje somente uma forma abstrata", que "não pode incluir as particularidades de nossa vida", ou não há "absolutamente forma alguma, e tudo o que surte efeito o faz somente pela força da experiência comum, tornando-se incompreensível tão logo essa comunhão desapareça. [...] Assim, há hoje escritos que surtem efeito por causa de sua forma, e outros apesar dela" (*SuF*, p. 167).

Posfácio do tradutor

A forma é uma essência tão concentrada de tudo o que há para dizer que nós não sentimos mais que a concentração, e a custo aquilo de que ela é a concentração. Talvez fosse ainda melhor expressar assim: a forma é a ritmização do que há para dizer, e o ritmo torna-se então — *a posteriori* — algo abstraível, algo vivenciável autonomamente, e muitos o sentem até mesmo — sempre *a posteriori* — como eterno *a priori* de todo conteúdo (*SuF*, p. 207).

Ao traço de união entre criador e público — e, portanto, ao caráter social da composição literária — a forma acrescenta o ingrediente estético. Ou melhor, é pela porta de acesso da estética, da obra de arte, que a forma ingressa no campo de forças da sociedade — e isso pela própria habilidade em conjugar os elementos necessariamente caóticos que a vida lhe oferece e tecê-los de modo significativo num todo[20] fechado, devolvendo à vida a coesão de sentido que esta, por si só, é incapaz de formular. "Aquelas obras de arte em que formas verdadeiramente grandes são realizadas, que formam conjuntos perfeitos e integrados, inspiram, *em virtude de sua estrutura*, uma visão de vida, uma interpretação e avaliação da vida e, para todos os efeitos, uma perspectiva do mundo".[21] De fato, a vida não pode ascender ao sentido sem o suporte da forma. Sob a capa de instituições rígidas, a vida esconde o ritual esclerosado de forças que se opõem mutuamente, das quais é impossível traçar um vetor de direção única. Lukács carrega nas tintas ao descrever esse mundo degradado, presidido pela "incapacidade tanto de encontrar para si pró-

[20] O conceito de totalidade, portanto, está implicado no de forma.

[21] G. Márkus, "Life and the Soul: The Young Lukács and the Problem of Culture", *in Lukács Reappraised*, Nova York, Columbia University Press, 1983, p. 12.

prio, como um todo, a forma da totalidade, quanto de encontrar a forma da coerência para a relação com seus elementos e a relação destes entre si", ou, trocando em miúdos, pela "irrepresentabilidade":[22]

> A vida é uma anarquia do claro-escuro; nela, nada se preenche totalmente e jamais algo chega ao fim; sempre se mesclam novas vozes, transtornadoras, no coro daquelas que antes já ressoavam. Tudo flui e reflui, sem freios, numa mistura impura; tudo é destruído e tudo é desmantelado, jamais algo floresce até a vida verdadeira. [...] A vida é o que há de mais irreal e menos vivo de toda a existência imaginável; apenas em negativas pode-se descrevê-la; apenas assim: algo sobrevém, sempre a perturbar... [...] há de se negar a vida para se poder viver (*SuF*, p. 219).

A essa "vida comum", que não se esgota em estruturas sociais petrificadas, mas tem o seu correlato na individualidade isolada, dissolvida em estados de ânimo, contrapõe-se a alma, a "existência autêntica", na qual todo o anseio traz o selo da satisfação e as atribulações da vida são investidas de sentido. "Esse dualismo de vida e alma, ser autêntico e inautêntico, é talvez a feição mais característica da filosofia do jovem Lukács."[23] Da própria vida é que não há como trazer a essência diretamente à terra; Novalis e Kierkegaard são os dois exemplos de que se vale Lukács para demonstrar o malogro desse atalho que queima uma etapa decisiva.[24] Se acaso há desvio, este pode ser apenas o da

---

[22] *A teoria do romance*, p. 80. Citado de ora em diante como *TdR*.

[23] G. Márkus, "Life and the Soul: The Young Lukács and the Problem of Culture", *in op. cit.*, p. 7.

[24] Ver os ensaios "Das Zerschellen der Form am Leben: Sören Kierkegaard

Posfácio do tradutor

forma — "o único possível", eis a definição mais sucinta[25] —, princípio indispensável de mediação entre o vazio de sentido e o sentido imanente. Só na forma conciliam-se cotidiano e essência, mera existência e existência plena de valor, a *vida* e *a* vida.[26] Ora, como é possível, *a partir* da contingência sem rumo, do emaranhado sem nexo, fazer emergir um todo de significado e validade universais? Como lançar uma ponte entre o que debita seu modo de ser à estagnação caótica e aquilo que se mantém imaculado da corrupção do tempo? Em suma, como aplacar a dissonância a partir dos próprios acordes destoantes? "Toda a forma é a resolução de uma dissonância fundamental da existência, um mundo onde o contrassenso parece reconduzido a seu lugar correto, como *portador*, como *condição necessária do sentido*" (*TdR*, p. 61; grifos meus).

Abandonar o mundo à sua revelia é o mesmo que lhe denegar acesso ao sentido; sem o condão da forma, nada logra encadear-se numa totalidade que, por integrar os seus elementos, infunde significado às partes isoladas. Mas se a forma fizesse uso de ferramentas externas ao próprio mundo, acrescentando-lhe um suporte abstrato que se somasse ao conteúdo configurado, mas nele não se dissolvesse, sem dúvida se romperiam as costuras da obra literária, vindo à tona o simples esqueleto descarnado, incapaz em seu esquematismo de dar conta do mundo e redimi-lo do contrassenso. A forma, por assim dizer, vira o feitiço contra o feiticeiro: toma o mundo tal qual ele é, adere a seu plano sem

---

und Regine Olsen" [O estilhaçar da forma em contato com a vida], *SuF*, pp. 44-63, especialmente pp. 48 e 61, e "Zur romantischen Lebensphilosophie: Novalis" [Sobre a filosofia romântica da vida], em *SuF*, pp. 64-81.

[25] Cf. *SuF*, p. 37.

[26] Cf. *SuF*, pp. 11 ss.

horizontes e esposa-lhe a multiplicidade vazia, tomando-o como *pressuposto* do sentido e afirmando-o em sua própria natureza desvelada. Mas isso tudo sob o aval da forma, que reinscreve na obra de arte a imanência de sentido na condição de máxima lucidez de sua ausência. "Toda a forma artística é definida pela dissonância metafísica da vida que ela afirma e configura como fundamento de uma totalidade perfeita em si mesma" (*TdR*, p. 71).

Com parcimônia,[27] a forma renuncia à voz ativa e passa a palavra ao mundo. Reserva para si, entretanto, o direito de estruturar-lhe os mesmíssimos conteúdos — cuja compreensão é turvada no plano da vida — e alçá-los à consciência, com base num todo em que cada um deles adquire transparência, não porque se destacam de sua origem obscura, mas porque põem a nu a falta de sentido que lhes é congenial e que só o trabalho configurador, "introduzindo [...] no mundo das formas a fragmentariedade da estrutura do mundo" (*TdR*, p. 36), está capacitado a explicitar. Sistema homogêneo, integrado e completo em si mesmo, a forma tem de fazer jus à coerência significativa sem descuidar da carga de insensatez do mundo. Pedra de toque, pois, da forma estética é fazer da necessidade virtude e, empunhando as armas do inimigo, batê-lo em seu próprio território: "Quando algo tornou-se problemático [...], a salvação só pode brotar do agravamento extremo da controvérsia, do ir radicalmente até o fim em toda a problemática" (*SuF*, p. 27).

Entenda-se bem: ir até o fim em toda problemática implica levar a bom termo a consciência da fragmentariedade do mundo, estabelecer inapelavelmente como realidade última a ausência de sentido presente. Guindada à forma, essa ausência com-

---

[27] Uma das muitas definições de forma: "o caminho mais curto, a maneira mais simples rumo à expressão mais potente, mais duradoura" (*SuF*, p. 166).

parece como ausência, se bem que agora plena de sentido, porque envolvida pela forma de que ela é o conteúdo. A própria forma é índice desse descompasso: "A arte — em relação à vida — é sempre um 'apesar de tudo'; a criação de formas é a mais profunda confirmação que se pode pensar da existência da dissonância" (*TdR*, p. 72). Ou por outra: a forma alimenta-se da dissonância, de que ela constitui no entanto a afinação, unindo em acorde sons de outro modo destoantes. Ora, isso nem sempre foi assim. Na Grécia antiga, a totalidade homogênea da própria vida permitia o "acolhimento passivo-visionário de um sentido prontamente existente" (*TdR*, p. 29), à mão de todos e abarcável de um só golpe de vista. Ainda que amparada por outros procedimentos, a forma não perde sua função característica, a de mediar o encaixe entre essência e vida. Se, no mundo moderno, as formas "têm de produzir tudo o que até então era um dado simplesmente aceito" (*TdR*, p. 36),[28] na Grécia lhes cabia apenas sacudir a poeira do sentido presente, arear o significado coberto de uma pátina superficial.

> Totalidade do ser só é possível quando tudo já é homogêneo, antes de ser envolvido pelas formas; quando as formas não são uma coerção, mas somente a conscientização, a vinda à tona de tudo quanto dormitava como vaga aspiração no interior daquilo a que se devia dar forma; quando o saber é virtude e a virtude, felicidade; quando a beleza põe em evidência o sentido do mundo (*TdR*, p. 31).

---

[28] Ver observação análoga em *Entwicklungsgeschichte des modernen Dramas*, Darmstadt e Neuwied, Hermann Luchterhand, 1981 (que cito de ora em diante como *EmD*), p. 129: "O que antes era dado tornou-se hoje algo a ser provado".

A teoria do romance

Nesses tempos felizes, radicados na organicidade espontânea da existência, que a todo indivíduo designa sua função de célula sem lhe roubar o embrião da personalidade, configurar e dar forma são atos que se alinham ao mundo, situados na quadra interna da vida. Revestir de forma pouco mais é que escandir os acentos nos lugares corretos, modular as inflexões de um texto de que todos possuem a chave. O grego "traça o círculo configurador das formas aquém do paradoxo" (*TdR*, p. 27), pois lhe é dado ver pelos próprios olhos as engrenagens do mundo ungido pelos deuses, a que se adicionam as formas na simples tarefa de erguer véus e luzir na claridade plena do sentido atual:

> Existiram tempos — cremos que tais existiram — nos quais o que hoje chamamos forma e buscamos com consciência febril e arrancamos em frios êxtases ao que muda continuamente como o único a permanecer, existiram tempos nos quais esta era somente a linguagem natural da revelação, o não conter-se de gritos irrompendo, a energia imediata de emoções palpitantes. Neles ainda não se indagava, afinal, o que seria ela nem ela ainda era separada da matéria e da vida, pois absolutamente não se sabia que ela era algo diverso dessas últimas [...] (*SuF*, p. 165).

Apesar de mediação, a forma era coisa entre coisas, tangível como a vida que ela tomava a cargo explicitar. Sob o signo dos deuses que os guiavam, os "gregos sentiam cada uma de suas formas presentes como uma realidade, como algo vivo, não como uma abstração" (*SuF*, p. 26). Numa totalidade ética fechada, na qual a aspiração interna anda de braços dados com a lei externa, o papel da estética resume-se a dar em espetáculo (*re*-presentar) o universo ético; com a perda da imanência do sentido à vida, com o colapso da ética como parâmetro de conduta unívoca, invertem-se os papéis: a estética assume o encargo da

Posfácio do tradutor

ética e a antecede, logicamente, no horizonte artístico. Agora cumpre a ela fundar cada um de seus conteúdos e, *pelo manejo de sua estrutura interna*, pagar em moeda estética a unidade de sentido cujos fragmentos éticos ela foi recolher no mundo degradado. "A arte,[29] a realidade visionária do mundo que nos é adequado, tornou-se assim independente: ela não é mais uma cópia, pois todos os modelos desapareceram; é uma totalidade criada, pois a unidade natural das esferas metafísicas foi rompida para sempre" (*TdR*, p. 34).[30]

Ora, mas como ficam então as formas — o elemento constante nas mudanças — perante essa historização radical que lhes solapa o fundamento? São elas afinal ideias platônicas que pairam sobre a realidade, categorias kantianas *a priori*, ou um produto histórico, variável ao sabor do tempo? No último caso não estariam elas ferindo o próprio estatuto que lhes propicia equacionar os dados da realidade num todo harmônico, sem no entanto contaminar-se com a mudança aleatória? Nesse ponto, Lukács saiu mais a Simmel do que a Kant,[31] e historizou a forma

---

[29] "Arte é: sugestão com auxílio da forma" (*SuF*, p. 118).

[30] György Márkus vê nessa cisão o "constante dilema da teoria da cultura do jovem Lukács [...]: a contradição havida como insuperável entre as culturas fechadas, criadoras de uma totalidade, mas por si mesmas incapazes de desenvolvimento, e as épocas da história mundial que realizam o princípio racionalista do desenvolvimento constante e imanente, embora 'mecânicas' e incapazes de se erigir numa cultura unitária". G. Márkus, "Lukács' 'erste' Ästhetik: zur Entwicklungsgeschichte der Philosophie des jungen Lukács", *in Die Seele und das Leben: Studien zum frühen Lukács*, Frankfurt/M., Suhrkamp, 1977, p. 226.

[31] Cf. F. Fehér, "Am Scheideweg des romantischen Antikapitalismus [...]", *Die Seele und das Leben*, edição citada, p. 272. À mesma página, Fehér cita o resumo que Andrew Arato ("The Neo-Idealist Defence of Subjectivity", *in Telos*, 1974, p. 157) faz do conceito de forma em Simmel: forma "era para Simmel o princípio

até chegar a um equilíbrio instável entre o conceito *a priori* e o empírico-histórico.

Na verdade, toda a experiência, até um certo grau, é vivida *sub specie formae*, e "a forma autêntica do artista autêntico é apriorística, uma forma constante em face das coisas, algo sem o qual ele não seria capaz sequer de percebê-las" (*EmD*, p. 11). De outro lado, também a matéria contingente da vida exerce influxo sobre a forma, conferindo-lhe ou recusando-lhe o substrato com que plasmar a obra. Se é certo que há um abismo entre o cunho sociológico da possibilidade de realização de um valor estético e a própria natureza desse valor, não é menos exato que uma dada ordem social sujeita-se a certos sentimentos e fecha-se a outros.[32]

---

de constituição transcendental da realidade. Nesse sentido, as formas são idênticas, em função, às categorias *a priori* do entendimento kantianas. A forma representava não uma simples soma de conteúdos, porém a sua unificação e estruturação, e era idêntica à 'capacidade de totalizar do intelecto'. [...] Mas Simmel, ao contrário de Kant, interpreta todas as formas como históricas e, por conseguinte, nunca completamente realizadas no mundo. Tão logo essa mudança seja inserida no conceito de forma, a própria noção de constituição transcendental é solapada. As formas permanecem os modos de atividade mental, embora o mental seja atribuído a um sujeito empírico, e não transcendental".

Como se sabe, porém, a relação intelectual de Lukács com Simmel sempre foi conflituosa, e, a par de outras fatalidades (como a morte de sua ex-amante, Irma Seidler, e de seu melhor amigo, Leo Popper), desencadeou uma forte crise no jovem intelectual, em 1911. A influência e crítica de Simmel pode ser medida por esta frase de então: "ele [Simmel] foi o Manet da filosofia que ainda não foi substituído por um Cézanne" (citado por M. Gluck, *Georg Lukács and his Generation: 1900-1918*, Cambridge, Harvard University Press, 1985, p. 147). Sobre o assunto, confira também L. Congdon, *The Young Lukács*, Chapel Hill, The University of North Carolina Press, 1983.

[32] Um exemplo, entre outros: "nas peças da Idade Média, os cegos, aleijados etc. tinham papéis cômicos" (*ZThL*, p. 28).

Posfácio do tradutor

"Claro que a relação entre a vida e as formas não tem mão única. Como em quase tudo o mais, trata-se aqui de ações recíprocas" (*ZThL*, p. 31). Isto é, formas moldam realidades e realidades dão ensejo a formas. A epopeia perdeu sua razão de ser no solo moderno, solo que por sua vez viu germinar, digamos, a crônica jornalística; uma e outra são crias do tempo, o qual fez dissipar o objeto de uma e pôs a outra na busca de sua forma. Sobre isso, comenta Ferenc Fehér: "Os valores estéticos são atemporais e supra-históricos, muito embora Lukács rejeite o princípio a-histórico do *universalmente humano* como fundador da forma. A obra é impregnada, do início ao fim, pelo *momento* em que veio à luz, pelas expectativas, carências e limites que resultam desse momento, e tudo isso não é 'refugo' que se possa descartar *a posteriori*, mas *constitutivo da forma*".[33]

Por muito tempo, uma única vertente da poética dos gêneros reinou com exclusividade e soberania, sem sofrer qualquer tipo de concorrência. Com Aristóteles por patriarca,[34] essa poética concebia os gêneros como formas estanques, imunes à evolução histórica, aos quais se acrescentavam os conteúdos de cada época a título de matéria contingente. O gênero como que pairava acima das mudanças, cristalizado numa forma eterna pela qual cabia à poética zelar, determinando quais conteúdos seriam compatíveis com qual dos três gêneros consagrados (lírica, épica ou drama). Se os conteúdos evoluíam e regrediam de acordo com a marcha histórica, os gêneros, por sua vez, dispunham do

---

[33] F. Fehér, "Am Scheideweg des romantischen Antikapitalismus [...]", *Die Seele und das Leben*, edição citada, pp. 273 ss.

[34] Não discuto aqui se essa visão encontra-se, de fato, na *Poética* de Aristóteles; descrevo apenas o uso que dela foi feito (espúrio ou não) ao longo da história.

A teoria do romance

halo da imutabilidade, fixos em limites estritamente demarcados de que a poética, ao barrar os erros na escolha da matéria, era a guardiã.

Dados os gêneros, era necessário proceder à rigorosa seleção dos possíveis conteúdos, sob pena de infringir o código das formas constantemente ameaçado pela erosão do tempo. "A forma estabelecida é historicamente indiferente; original da história é tão só a matéria."[35] Sem o risco das surtidas históricas, a poética tinha por meta garantir a reprodução do *efeito* ligado a cada um dos gêneros. As fronteiras entre estes adquirem assim um caráter normativo: regras são ditadas para balizar a *recepção* adequada da obra, conforme o gênero de que faça parte.

Essa poética normativa, calcada na estética dos efeitos, teve na correspondência entre Goethe e Schiller do ano de 1797 um de seus principais documentos.[36] As cartas dão notícia de uma preocupação constante em circunscrever higienicamente os gêne-

---

[35] P. Szondi, *Theorie des modernen Dramas* [Teoria do drama moderno], Frankfurt/M., Suhrkamp, 1963, p. 9. Sobre a poética dos gêneros, sigo de perto o raciocínio de Peter Szondi, que estudou a fundo a passagem da poética normativa para a poética histórica no período de Goethe.

[36] Fiel a Aristóteles, a poética sedimentada na correspondência diverge, entretanto, do classicismo da época: "o tema comum da coordenação entre matéria e gênero revela apenas com a máxima clareza o que diferencia radicalmente Goethe e Schiller da poética tradicional dos gêneros, a saber, o propósito de entender *por que* certas matérias e certos motivos exigem esse e não aquele gênero — ao passo que a doutrina classicista da literatura, em nome do gosto, dispunha autoritariamente dos gêneros", *in* P. Szondi, *Poetik und Geschichtsphilosophie II*, Frankfurt/M., Suhrkamp, 1974, p. 83. Seja como for, deve ficar claro que uma coisa é a poética normativa e indutiva dos gêneros (de que Goethe e Schiller, para o bem ou para mal, são partidários), e outra é a poética dedutiva e histórica, a que Lukács se ligaria por linha de filiação direta.

Posfácio do tradutor

ros, com destaque para o drama e para a épica,[37] a fim de lhes impor, por lei estética arrazoada, a estampa de origem de uma forma cujos efeitos são perseguidos desde tempos imemoriais. O processo não podia ser outro senão indutivo;[38] os gêneros não se antecipam à obra concreta, antes pelo contrário, partem da própria criação literária como fato consumado — sempre igual a si mesmo — e, sobre tal terreno, lançam a pedra fundamental do gênero, com um olho no efeito que suscitará ao ser recebido.[39] Assentados os marcos que delineiam o gênero específico,

[37] O fim do debate epistolar seria marcado pela redação, a cargo de Goethe, do ensaio "Über epische und dramatische Dichtung" [Sobre literatura épica e dramática], que só viria à luz em 1827.

[38] Entusiasmado, Schiller não perde a chance de prestar elogios a Aristóteles numa carta a Goethe datada de 05/05/1797: "Toda a sua visão da tragédia repousa em fundamentos empíricos: ele tem diante de si uma quantidade de tragédias apresentadas que não temos mais diante dos olhos; a partir dessa experiência é que raciocina, e a nós falta, em grande parte, toda a base de seu julgamento. Quase em trecho algum ele parte do conceito, sempre apenas do fato da arte e do escritor e da representação; e, se seus julgamentos, em sua própria essência, são autênticas leis artísticas, isso se deve ao feliz acaso de que houvesse então obras de arte que, através do fato, realizavam uma ideia ou tornavam representável o seu gênero num caso individual", *in* Goethe/Schiller, *Briefwechsel*, Frankfurt/M., Fischer, 1961, p. 196.

[39] Cf. P. Szondi, *Poetik und Geschichtsphilosophie II*, edição citada, pp. 284 e 306 ss. Quando se tenta uma dedução, ela não é feita a partir do desenvolvimento histórico, mas da "natureza humana". Mesmo a *Poesia ingênua e sentimental*, de Schiller, com sua aparente historicidade, não constaria de exceção à regra. Cf. P. Szondi, *Poetik und Geschichtsphilosophie II*, edição citada, p. 42. Na correspondência entre Goethe e Schiller, é interessante observar que, embora os problemas da estrutura composicional do *Wilhelm Meister* sejam vivamente discutidos, a *forma romance* não é, como tal, pensada à luz da teoria dos gêneros.

como subsumir à lei da forma — ou seja, *a posteriori* — o material apropriado? Variam as datas do conteúdo, porém a forma, o gênero no qual ele ganha feição, furta-se à história ao impedir que, no sistema, o conteúdo ponha a forma em xeque.

Só quando passa a ser *dedutiva* é que a poética, a doutrina dos três gêneros, inclui a possibilidade de mudança das próprias formas, pressionadas por sua matéria histórica. A história, antes mero acidente, ganha um posto constitutivo na dinâmica dos gêneros. Como argumenta Peter Szondi,

> [a] doutrina dos três gêneros artísticos [...] só pode existir — e só pôde nascer — por não se apoiar simplesmente no plano do positivo, no material da obra presente, e se contentar com a sua ordem, mas antes por se atrever a dar o passo que conduz do dado à ideia, da história à filosofia, do *descritivo--indutivo* ao *dedutivo-especulativo*. Apenas uma estética que se entende como filosofia da arte, e não como doutrina artística a serviço da prática, pode sustentar a tese da compartimentação da literatura em três gêneros — uma tese que dificilmente encontrará sua fundamentação no material, na multiplicidade das criações literárias, mas sim em sua Ideia [grifos meus].[40]

Dizer que a história assume papel decisivo no surgimento das formas significa que os gêneros não são válidos em todos os tempos. Ao se deduzir um gênero, ao cercá-lo de pressupostos históricos, ao ir da forma ao conteúdo, o ponto de vista pragmático torna-se especulativo, isto é, histórico-filosófico; a perspectiva não é a "do escritor, mas do historiador da literatura".[41]

---

[40] *Ibidem*, p. 10.

[41] *Ibidem*, p. 98.

Posfácio do tradutor

É nesse sentido que se deve entender *A teoria do romance* como um ensaio *histórico-filosófico*, a um tempo encarregado da dedução dos gêneros literários e de sua base histórica, ou melhor, incumbido de deduzi-los pelo fato mesmo de inserir a história como um ingrediente constitutivo.[42] Na história, e somente nela, pode-se atinar com a reviravolta na ideia das formas: de um simples meio para fazer notar a essência já dada até a mediação problemática que visa a restabelecer, por suas virtudes internas, a essência agora perdida.

Dizíamos que a vida, por si só, é incapaz de reconstituir o sentido evanescente após a ruptura com a era helênica. Da vida não se extrai nenhum catalisador que congregue as várias substâncias heterogêneas da realidade e lhes infunda a coesão do significado; só a forma, com os próprios fragmentos desconexos do mundo, compõe um todo perfeito e acabado que rompe com as estruturas vitais por recriá-las em chave significativa no horizonte da obra, sem no entanto lhes acrescentar mais do que nelas já existe. À primeira vista, trata-se de um caminho de mão dupla: de um lado, o princípio formal resgata os fatos da realidade e os ergue à consciência ao lhes incorporar a respiração, ao reproduzir-lhes a cadência *na forma* de estrutura literária; de outro, a realidade resgatada agradece o desafogo propiciado pela forma e, redimida, areja-se com o sentido tornado presente. A forma sem realidade é vazia, a realidade sem forma é cega; uma e outra lucram com a simbiose.

---

[42] A historização das formas poéticas teve no Hegel da *Estética* um de seus principais locutores, mas não o primeiro. Szondi lembra o papel de divisor de águas que desempenharam os primeiros textos do jovem Schlegel, particularmente o ensaio "Über das Studium der griechischen Poesie" [Sobre o estudo da poesia grega] (1795-96), ao cortar as amarras com toda a tradição fundada em Aristóteles. Cf. P. Szondi, *Poetik und Geschichtsphilosophie II*, edição citada, pp. 110 ss.

A teoria do romance

Não há como negar o imbricamento de forma e realidade, mas deve-se atentar em que a realidade, ao ingressar na forma, perde sua feição de realidade para converter-se em elemento exclusivamente formal.[43] No universo da forma, as contradições obscuras e desconcertantes do mundo recebem o talhe de claros antagonismos; ora, ainda que a forma restitua um sentido à realidade sob a figura da ausência de sentido elevada à consciência, o que primeiro salta aos olhos é o fato de ser *apenas na forma* que se dá a resolução. Se não há um vínculo imediato que conduz da realidade da vida cotidiana à realidade da forma, a recíproca também é verdadeira: é impossível estampar a realidade harmônica da forma sobre a realidade tribulada do mundo, compatibilizando-as.[44] Com base nisso, György Márkus conclui que

---

[43] Tomachevski afirma com acerto: "[...] o material realista não representa em si uma construção artística e, para que venha a sê-lo, é necessário aplicar-lhe leis específicas de construção artística que, do ponto de vista da realidade, serão sempre convenções". B. Tomachevski, "Temática", *in Teoria da literatura: formalistas russos*, Porto Alegre, Globo, 1971, p. 188.

[44] Essa é uma das vias de acesso à tão decantada "visão trágica do mundo" do jovem Lukács: o sujeito imerso na realidade degradada só pode alçar-se à esfera normativa das formas através da obra de arte, mas tal experiência é apenas momentânea, um súbito lampejo. György Márkus comenta que "o homem da realidade da experiência pode elevar-se à universalidade das esferas normativas apenas através do salto rumo à obra [...], através do abandono da imediatidade, da 'vida' — razão pela qual esse elevar-se, considerado do prisma da 'vida cotidiana', é sempre momentâneo, possível apenas naquele instante. A seguir, só resta ao sujeito resvalar inapelavelmente na miséria, angústia e solidão da vida da experiência. O milagre e a exceção da arte: a superação da própria imediatidade da experiência — a sua restituição ao interior de uma esfera normativa — só faz aumentar essa tragicidade". G. Márkus, "Lukács' 'erste' Ästhetik [...]", *Die Seele und das Leben*, edição citada, p. 208. Ver também L. Goldmann, *Le Dieu caché*, Paris, Gallimard,

Posfácio do tradutor

[...] a arte transcende a alienação da vida comum, porém não a extingue. Pois embora a obra de arte brote da vida, é inevitável que também rompa com ela, e rompa incisivamente, pelo simples fato de ser um todo fechado a partir de dentro, um universo completo em si mesmo. É uma vida nova que, por encerrar a si própria e ser completa em si mesma, não tem (e não pode ter) nenhum ponto de contato com algo que lhe seja exterior no momento em que vem à luz. [...] Pode-se perceber um significado na vida no interior e através da obra, porém isso não implica que se possa ordenar a própria vida desse modo ou investi-la de sentido.[45]

Precipitados, muitos já quiseram ver nesse traço teórico do jovem Lukács um ranço de esteticismo.[46] Longe disso, o que se tenciona ressaltar é exatamente a incapacidade da arte de liquidar no interior de suas fronteiras a problemática do mundo. Na forma bem lograda, a arte dá testemunho de uma percepção que vem se juntar às linhas de força da realidade — e que o faz justamente por fechar-se a essa mesma realidade, ou melhor, por destacar-lhe os elementos do solo vital e tecê-los num organismo fechado, ao qual a realidade é estranha. Nos antípodas do esteticismo, o jovem Lukács afirmava o "satanismo" ou o "lucife-

---

1959, pp. 13-94; e G. Simmel, "Der Begriff und die Tragödie der Kultur", *in Philosophische Kultur: über das Abenteuer, die Geschlechter und die Krise der Moderne* [Cultura filosófica: sobre a aventura, os sexos e a crise da modernidade], Berlim, Klaus Wagenbach, 1983, pp. 195-219.

[45] G. Márkus, "Life and the Soul: The Young Lukács and the Problem of Culture", *Lukács Reappraised*, edição citada, p. 12.

[46] Cf. P. Bürger, *Zur Kritik der idealistischen Ästhetik* [Sobre a crítica da estética idealista], Frankfurt/M., Suhrkamp, 1983, pp. 45-52.

A teoria do romance

rismo" da arte: ela, e somente ela, *faz ver* a realidade, mas é incapaz de *alterá-la*. "A obra de arte cria harmonia e satisfação previamente a, ou sem a verdadeira redenção do homem",[47] alega György Márkus. Perfeito por seus próprios meios, o mundo da obra de arte é para o mundo da realidade cotidiana sempre um dever-ser, uma substância ilusória, uma "falsa solução e redenção" (*falsche Lösung und Erlösung*).[48] Acerca desse ponto, Lukács insistia que tal percepção

> [...] não poderá jamais ser apagada de nossa consciência, ainda que nosso estado anterior de ignorância fosse mil vezes mais rico, mais sutil, mais produtivo. Se Herder e Schiller, se Goethe e todos os românticos tivessem acreditado no poder de redenção do ato criativo, seu equívoco teria sido, na pior das hipóteses, trágico, caso tivessem notado que estavam errados. Mas hoje, depois de tudo que sabemos, qualquer tentativa de rea-

---

[47] G. Márkus, "Life and the Soul: The Young Lukács and the Problem of Culture", *Lukács Reappraised*, edição citada, p. 3.

[48] Frase dos manuscritos de Lukács citada em G. Márkus, "Lukács' 'erste' Ästhetik [...]", *Die Seele und das Leben*, edição citada, p. 209. Ver também trecho da carta de Lukács a Salomo Friedländer, datada de julho de 1911, citada em P. Bürger, *Prosa der Moderne* [Prosa da modernidade], Frankfurt/M., 1992, p. 415: "A essência da forma residiu sempre, para mim, no tornar-se forma (não no superar!) de dois princípios absolutamente excludentes; forma, segundo a minha concepção, é o paradoxo encarnado [...], a vida viva do impossível (impossível, no sentido de que os componentes se antagonizam de maneira absoluta e eterna e de que é impossível uma reconciliação). Forma, porém, não é reconciliação, mas a guerra [...] dos princípios antagônicos. Na vida comum não há forma, porque os adversários não são *homogêneos* [...]. Interessa-me ressaltar o máximo possível a adversidade humana da pura forma, a sua oposição ríspida e absoluta em relação à vida comum".

Posfácio do tradutor

nimar uma ilusão que outrora pareceu digna de crédito seria simplesmente cômica.[49]

Somente a forma consumada não nutre pretensões de agir diretamente na realidade, já que seu perfeito arremate segrega-a do mundo que ela explica e lhe serve de pressuposto. Isso também lhe garante — se bem que agora da perspectiva contrária — não cair na abstração vazia, pois somente a forma que absorve o mundo como pressuposto é capaz de aperfeiçoar-se como forma, já que ela (como vimos) não provê a realidade de significados, senão a assimila tal qual é e, remanejando-a, infunde-lhe significado. Assim, a matéria viva do mundo é princípio indispensável à forma, tanto como obstáculo a ser superado quanto como seu degrau de apoio.

A forma só pode realmente denegar um princípio de vida se for capaz de excluí-lo *a priori* de seu domínio; caso tenha de acolhê-lo em si, ele se torna positivo para ela: a realização do valor o toma então como pressuposto não apenas em sua resistência, mas também em sua própria existência (*TdR*, p. 129-30).[50]

---

[49] Trecho do ensaio "Esztétikai kultúra" [Cultura estética] (1910), citado por M. Gluck, *Georg Lukács and his Generation 1900-1918*, edição citada, p. 144.

[50] Ver nesse mesmo sentido a frase: "Toda a forma tem de ser em algum ponto positiva para, como forma, receber substância" (*TdR*, p. 125). E também Auerbach: "Imitação da realidade é imitação da experiência sensível da vida terrena, de cujas características essenciais parecem fazer parte sua historicidade, sua automutação e seu autodesenvolvimento; por mais liberdade que se permita ao poeta imitador na configuração, ele não pode privar a realidade desse atributo, que é a sua própria essência". E. Auerbach, *Mimesis*, Berna, Francke, 1988, p. 183.

A teoria do romance

Uma vez fixado o ponto de partida inevitável, uma vez constatado o vínculo umbilical entre a forma e a realidade que lhe dá arrimo, a excelência da obra residirá, paradoxalmente, em cortar as amarras com o mundo, para com isso criar um mundo novo que melhor explique a matéria originária.[51] Numa época em que a ética foi pulverizada em seus princípios, em que a vida perdeu a imanência do sentido, caberá à estética reconstituir em seus horizontes aquela unidade originária antes manifesta, mesmo que essa unidade consista na explicitação de sua ausência. "A validade e a força da ética são independentes do fato de ela ser seguida. Eis por que somente a forma purificada até o ético — sem por isso tornar-se cega e pobre — pode esquecer a existência de tudo quanto é problemático e bani-lo para sempre de seu império" (*SuF*, p. 250).

Esconjurar o problemático, como agora já deve estar claro, não é virar as costas para as impurezas da realidade e refugiar-se sob as asas tutelares da forma imaculada. Garantida a incontornável âncora da realidade, que é um lastro congênito às formas, o mundo será posto a descoberto se for cumprida a lei *interna* das formas. Curiosamente, é pondo entre parênteses o mundo que a realidade se dá a conhecer, livre do caos e afirmada em sua natureza caótica.[52] Ao seguir à risca as regras implícitas de cada forma, o escritor mina a resistência que a vida impõe ao sentido,

---

[51] "Uma obra verdadeira e autêntica", segundo Lukács, é aquela "cuja grandeza e força consiste, precisamente, em manter apartado o heterogêneo e em criar uma camada de mundo nova e unitária, definitivamente destacada da realidade" (*SuF*, p. 76).

[52] "Só o antagonismo, na verdade, torna tudo vivo; só a coerção engendra a verdadeira espontaneidade e só no que se acha formado sente-se a metafísica da ausência de forma: sente-se que o caos é princípio do mundo" (*SuF*, p. 213).

Posfácio do tradutor

e o faz justamente por conferir sentido a essa resistência, recondicionando elementos não literários no interior do cosmos integrado da obra literária. "A positividade de cada forma, portanto, é o cumprimento de suas próprias leis estruturais; a afirmação da vida que dela parece emanar como estado de ânimo não é mais que a resolução das dissonâncias exigidas pela forma, a afirmação de sua própria substância criada pela forma" (*TdR*, p. 135).

Salvo engano, boa parte do que aqui vem dito sobre a forma literária é afirmado numa chave bastante próxima por Antonio Candido, para quem "a capacidade que os textos possuem de convencer depende mais da sua organização própria que da referência ao mundo exterior, pois este só ganha vida na obra literária se for devidamente reordenado pela fatura".[53] Descontados o aparato retórico e toda uma bagagem de conceitos estético-filosóficos próprios ao jovem Lukács, o que une teoricamente ambos os críticos e estende-se à boa crítica literária é a estrita equação entre forma e realidade,[54] elemento necessário — mas não suficiente — para a análise singular das obras. Segundo Candido,

> [...] uma obra é uma realidade autônoma, cujo valor está na fórmula que obteve para plasmar elementos não literários: impressões, paixões, ideias, fatos, acontecimentos, que são a matéria-prima do ato criador. A sua importância quase nunca é

---

[53] A. Candido, *O discurso e a cidade*, São Paulo, Duas Cidades, 1993, p. 11.

[54] "A percepção do social na forma, eis aí a *voie royale* da crítica autenticamente explicadora [...]. Tratando-se, como se trata, de uma perspectiva epistemológica realmente superior, não admira que a análise formal não formalista se mostrou apta a reinterpretar até mesmo as meias descobertas do formalismo, jejuno de história, ou do historismo, sociologicamente inibido", J. G. Merquior, *Formalismo e tradição moderna*, Rio de Janeiro e São Paulo, Forense Universitária/ Edusp, 1974, p. 62.

A teoria do romance

devida à circunstância de exprimir um aspecto da realidade, social ou individual, mas à maneira por que o faz. [...] Esta autonomia depende, antes de tudo, da eloquência do sentimento, penetração analítica, força de observação, disposição de palavras, seleção e invenção das imagens; do jogo de elementos expressivos, cuja síntese constitui a sua fisionomia, deixando longe os pontos de partida não literários.[55]

De posse dessas noções, sem as quais, afinal, não há literatura, o anseio de todo crítico "é mostrar como o recado do escritor se constrói a partir do mundo, mas gera um mundo novo, cujas leis fazem sentir melhor a realidade originária. [...] O alvo é analisar o comportamento ou o modo de ser que se manifestam *dentro* do texto, porque foram criados nele a partir dos dados da realidade exterior".[56]

---

[55] A. Candido, *Formação da literatura brasileira*, São Paulo, Martins, 1959, vol. I, p. 27. Ver também J. G. Merquior, "O texto como resultado (notas sobre a teoria da crítica em Antonio Candido)", *in Esboço de figura: homenagem a Antonio Candido*, São Paulo, Duas Cidades, 1979, pp. 121-31.

[56] A. Candido, *O discurso e a cidade*, edição citada, pp. 9 ss. Um dos debates mais interessantes sobre o tema foi travado entre Robert Louis Stevenson e Henry James. Ver especialmente R. L. Stevenson, "Une note sur le réalisme" ["A humble remonstrance"] (1884), *in Essais sur l'art de la fiction*, Paris, La Table Ronde, 1988, pp. 223-42. Ver também as afirmações de J. G. Merquior e L. Spitzer: "Desde a *Teoria do romance* (1920), que coroa o período pré-marxista de Georg Lukács, uma das mais fecundas diretrizes da crítica Novecentista tem consistido em surpreender o impulso da problematização da cultura na estrutura mesma do texto literário" (J. G. Merquior, *Formalismo e tradição moderna*, edição citada, p. 151); "A crítica tem de permanecer imanente à obra de arte e dela deduzir as suas categorias" (L. Spitzer, *Linguistics and Literary History: Essays in Stylistics*, Nova York, Russell & Russell, 1962, p. 129).

Posfácio do tradutor

Seja como for, o denominador comum adotado é a ideia de que as formas, por virtude interna de circunscreverem e solucionarem o mundo que preenche os seus limites, endossam o sentido da vida de que irremediavelmente partem e se desvinculam. Isso é o que lhes permite imitar, como forma, a dicção do mundo, fazendo ler na obra os marcos confusos da realidade; isso é o que lhes permite, em suma, não reproduzir a fachada,[57] mas a base sobre a qual repousa a sua matéria.

2. Os gêneros e o romance

> "Uma classificação é uma definição que contém um sistema de definições."
>
> *Friedrich Schlegel*

Opostos numa estrutura binária que dá vigor a toda obra de crítica literária do jovem Lukács, épica e drama ditam o padrão segundo o qual se ramificam os vários gêneros. Nele se entroncam duas famílias distintas no que respeita à forma, com

---

[57] "Se o romance quer permanecer fiel à sua herança realista e dizer como realmente são as coisas, então ele tem de renunciar a um realismo que, na medida em que reproduz a fachada, só serve para ajudá-la na sua tarefa de enganar." Th. W. Adorno, "Posição do narrador no romance contemporâneo", *in Os pensadores*, São Paulo, Abril Cultural, 1980, p. 270. Ver também este comentário lapidar de Roberto Schwarz: "A forma [...] proporciona a experiência do mundo contemporâneo, e faz as vezes da realidade [...]. A integridade total da composição, sem sacrifício da parte de acaso na matéria cotidiana, passa a ser o penhor do acerto estético e o objeto privilegiado da reflexão crítica", *in* R. Schwarz, *Um mestre na periferia do capitalismo: Machado de Assis*, São Paulo, Duas Cidades, 1991, p. 171.

A teoria do romance

pontos de partida inversos. A contaminação mútua dessas vertentes gera impasses formais que bloqueiam a realização das leis específicas a cada gênero, impedindo que as dissonâncias da realidade ganhem consciência na forma. Assim, a divisão em gêneros justifica-se pela capacidade de a literatura desdobrar-se de acordo com seu objeto; cada gênero amolda-se ao seu conteúdo e lhe confere molde em razão desse ajuste prévio. Ora, como o lastro com a realidade é endossado pela própria aplicação de normas internas aos gêneros, estes, depois de terem o seu nascimento reconhecido pela dinâmica do mundo, servem como formas diversas de abarcar a realidade múltipla, inesgotável nos limites de um único gênero. Cada um deles, drama, lírica e épica, "é uma espécie de configuração do mundo de qualidade totalmente heterogênea das demais" (*TdR*, p. 135).

Involuntariamente, os gêneros se completam em virtude da necessidade de as formas cercarem o mundo por todos os lados. É verdade que só o máximo de inclusão de mundo pode dotar a forma da carnadura indispensável para que ela se mantenha em pé, mas a abrangência indiscriminada fere o próprio império das leis do gênero, que, por seletivas, por colherem no mundo fragmentos esparsos e os burilarem num todo, são as primeiras a infundirem sentido a uma realidade pejorativamente aberta, sem limites de compreensão. Aglutinadores mas não totalizantes, os gêneros se subdividem numa espécie de divisão do trabalho para dar conta da missão abrangente da forma. "O que é capaz de vida numa forma está morto em outra: eis aqui uma prova prática, tangível, da distinção interna das formas" (*SuF*, p. 14).[58]

---

[58] Ver, no mesmo sentido: "Cada espécie de configuração, cada forma da literatura é um degrau na hierarquia das possibilidades de vida: tudo o que há de decisivo a dizer sobre um homem e seu destino o foi quando se determinou qual

Posfácio do tradutor

Muito do que há para configurar é rastreado nos horizontes épico e dramático, que, juntos, em eixo horizontal e vertical, compõem as coordenadas cartesianas do sistema literário do jovem Lukács. A partir deles se estruturam os gêneros, pautados por essa cisão básica que tinge nitidamente os opostos: "A grande épica dá forma à totalidade extensiva da vida, o drama à totalidade intensiva da essencialidade" (*TdR*, p. 44).[59]

A épica adere aos passos miúdos da realidade, curva-se à sua indisciplina, adapta-se a seus acidentes de percurso para tentar dobrar-lhe a resistência e impor-lhe ordem valendo-se de suas próprias armas, ou seja, dos fragmentos de vida. Não que o drama, por oposição, faça pouco da realidade e a relegue a segundo plano; se assim fosse, a própria existência da forma estaria ameaçada. É só que o drama filtra o mundo com outras lentes, e onde a épica estende a vida, o drama aprofunda a essência. Ou, em outros termos: a épica, por colar-se à vida, eleva-a à imanência do sentido ("como pode a vida tornar-se essencial?"); o drama, por intensificar o sentido, desperta a essência para a vida ("como a essência pode tornar-se viva?").[60] "Esse vínculo indissolúvel com

---

forma as suas manifestações de vida toleram, e qual forma os pontos culminantes destas últimas requerem" (*SuF*, p. 248).

[59] "O mundo do drama significa todo o mundo da vida, mas como suas possibilidades de conteúdo não permitem que haja mais do que algumas aventuras da vida de algumas pessoas, sua universalidade não pode ser de conteúdo, como a da épica (epopeia, romance), que representa seu próprio universo universalmente e não possui limites em seus meios de exprimir a incomensurabilidade [...]. Ante a universalidade de conteúdo da épica, a universalidade do drama, portanto, é formal; ante a extensividade da épica, o drama é intensivo [...]" (*EmD*, p. 27). O que na épica é totalidade de conteúdo, no drama é totalidade formal; o que lá é totalidade empírica, aqui é totalidade simbólica (cf. *EmD*, p. 30).

[60] Cf. *TdR*, p. 32.

A teoria do romance

a existência e o modo de ser da realidade, o limite decisivo entre épica e drama, é um resultado necessário do objeto da épica: a vida. [...] O caráter criado pelo drama [...] é o eu inteligível do homem; o criado pela épica, o eu empírico" (*TdR*, pp. 45-6).

Aclimatadas ao mundo grego, as formas sofreriam um profundo impacto com o fim da era helênica. A ruptura, mesmo que igualmente decisiva para o conjunto da literatura, toda ela lastreada na realidade, "submete as formas artísticas a uma dialética histórico-filosófica, que terá porém resultados diversos para cada forma, de acordo com a pátria apriorística dos gêneros específicos" (*TdR*, p. 36). Ainda que a vida não mais contasse com um sentido imanente, o drama logrou equilibrar-se na corda bamba da forma, o que lhe garantiu uma sobrevida negada à epopeia. Por virtude de suas leis internas, e não por fechar-se à nova realidade,[61] é que o drama pôde perpetuar-se ao longo do tempo, encastelado numa redoma formal que o amarrava, por outros meios, à vida moderna.

> Enquanto o conceito de essência, pelo simples ato de ser posto, conduz à transcendência, mas ali se cristaliza num ser novo e superior — exprimindo assim, por sua forma, um ser do dever-ser que, em sua realidade oriunda da forma, permanece independente dos dados de conteúdo da simples existência —, o conceito de vida exclui uma tal objetividade da transcendência captada e condensada. Os mundos da essência, por força das formas, estão tensionados acima da existência, e sua espécie e conteúdo são condicionados somente pelas potencialidades intrínsecas dessa força (*TdR*, p. 45).

---

[61] "O drama só pode expressar a totalidade e a riqueza da vida em termos puramente formais" (*EmD*, p. 29).

Isso não significa, contudo, que a totalidade da épica, ao contrário do drama, não seja apanágio da forma. Uma e outro caracterizam-se pelo próprio fato de dar forma, de urdir uma totalidade que deixou de ser dada, ainda que o façam em sentidos diversos: a épica ao longo do veio horizontal da realidade, o drama em demanda da altura vertical da essência. Essa sua altivez, escorada na forma, entroniza o drama e a tragédia num domínio menos suscetível ao decurso do tempo, permitindo-lhe uma relativa desenvoltura no trato com a realidade alterada inserida em suas fronteiras, sem a mudança total de seus preceitos. "Eis por que a tragédia, embora transformada, transpôs-se incólume em sua essência até nossos dias, ao passo que a epopeia teve de desaparecer e dar lugar a uma forma absolutamente nova, o romance" (*TdR*, p. 39).[62]

A universalidade só pode ser formalmente construída no drama se a riqueza múltipla e turbulenta das possibilidades reais for excluída. Extraindo-lhe a súmula, o drama armazena apenas as *correlações* que estruturam a realidade; embora comprometa detalhes e profusão, o caráter sucinto dos conflitos assim depurados de qualquer contingência prima pelo rigor dos vínculos assentados no rígido encadeamento dramático. Com tal apuro, o drama garante a um só tempo a criação de uma totalidade artística a partir dos meios formais e foge à abstração, por reter o extrato da realidade na figura das relações que lhe dão vértebra. "A ordem, a correlação múltipla e complicada das coisas e a implacável necessidade desse vínculo, do encadeamento das coisas,

---

[62] Ver, no mesmo sentido: "Eis por que, quando a existência perdeu sua totalidade espontaneamente integrada e presente aos sentidos, o drama pôde não obstante encontrar em seu apriorismo formal um mundo talvez problemático, mas ainda assim capaz de tudo conter e fechado em si mesmo" (*TdR*, p. 44).

é o princípio formal mais importante do drama. Nele, tudo é construído; cada um de seus átomos guarda com todos os outros uma estreita correlação, e o menor movimento exerce sobre o todo uma ressonância forte, profunda e necessária" (*EmD*, p. 27). O substrato de que o drama é a forma não são, portanto, os fragmentos peneirados da realidade e soldados no interior da obra, senão a própria solda das correlações que os mantêm unidos. Não se adiciona um vínculo como argamassa dos fragmentos; é o próprio vínculo, a cadeia de elos despojada, que serve de conteúdo à configuração: "As manifestações dramáticas não têm outra realidade senão a sua vinculação, e nelas não se imagina outro vínculo senão o causal. Não pode subsistir outra correlação senão a longa corrente de causas e efeitos, sendo que cada causa é o efeito da causa anterior, e cada efeito a causa do efeito que lhe segue" (*EmD*, pp. 27 ss.).

De causa em causa, sobe-se à causa última, incondicionada, que não é efeito de outra causa. Ao longo de toda a série, a estrita necessidade que une os elos permite indagar o porquê do vínculo, a razão pela qual algo ocorre. Somente essa causa última dá uma resposta incontrastável à pergunta pelo motivo.

Como *centro* de que parte toda a cadeia dedutiva do drama, estruturado assim numa composição espiralada, uma tal causa foi batizada por Lukács (na falta de melhor termo) com o nome de "visão de mundo". Contra ela cabem apenas objeções que versem sobre a forma, ou melhor, se a visão de mundo for bem lograda, se ela, como centro, conciliar os elementos com minúcia, alinhavando-os sob o signo da necessidade, seu próprio conteúdo dilui-se na forma, tornando supérflua a questão do motivo da causa última, pois a resposta já é a forma estruturada do drama.[63]

---

[63] "[...] somente a falta de visão de mundo é perceptível; ou, em outras

Posfácio do tradutor

Na forma dramática consumada, desaparece a visão de mundo; caso o drama não consiga responder ao porquê de determinada correlação, isso é sinal de que a visão de mundo fracassou em sua tarefa de combinar os elos da cadeia, varrendo-os de toda contingência, uma vez que a essência da obra é exatamente ser sentida como verdadeira:

> O poder sintético da esfera da essência condensa-se na totalidade construtiva do problema dramático: aquilo que é definido como necessário pelo problema, seja alma ou acontecimento, ganha existência por suas relações com o centro; a dialética imanente dessa unidade empresta a cada fenômeno isolado a existência que lhe cabe, de acordo com a distância em relação ao centro e com seu peso relativamente ao problema. O problema aqui é inexprimível porque é a ideia concreta do todo, porque apenas a consonância de todas as vozes é capaz de realçar a riqueza de conteúdo nele oculta (*TdR*, p. 53).

Isso quanto ao aspecto formal do drama; quanto a seu conteúdo, pode-se dizer que ele é a abreviação estilizada da vida de uma pessoa — abreviação que, de tão estilizada, representa toda uma vida reduzida a compêndio no conflito central. Trata-se, portanto, de uma luta levada a extremos, que simboliza num único embate o conjunto da vida, e na qual o homem tem sempre de sucumbir. Pensado com coerência, o drama conduz naturalmente à tragédia.[64] Ainda que o desfecho esteja decidido de antemão, o resultado não é evidente à primeira vista, pois o ad-

---

palavras: caso a construção já esteja consumada, a visão de mundo torna-se supérflua, o drama surte efeito exclusivamente por sua estrutura" (*EmD*, p. 29).

[64] "O drama atinge sempre seu apogeu na tragédia; um drama perfeito não pode ser outra coisa senão uma tragédia" (*EmD*, p. 25).

A teoria do romance

versário, embora mais poderoso que se possa imaginar, ao menos aparentemente dispõe das mesmas forças que o homem fadado à ruína.[65] Nesse combate, o homem despende o máximo de forças contra o mundo externo e o destino para levar a cabo o problema central de sua vida. "A essência da estilização dramática é [...]: deve-se representar uma aventura da vida de um homem, de modo que esta signifique toda a vida desse homem, que esse acontecimento isolado seja toda a vida, um todo perfeito, fechado em si mesmo" (*EmD*, p. 39).

Simbólico em sua concentração, o drama é apenas um instante alçado a passagem das contingências que ganham corpo e desenvolvimento na vida. Sem passado ou futuro, a série de ocorrências trágicas antes se alinha a prumo sobre um fio tênue, vazio de duração. Nele se enovelam as redes em que o homem, no lampejo de um instante, vislumbra sua essência no combate com o destino.[66] O trágico salda-se, de fato, num único instante, que "é um começo e um fim. Nada pode seguir ou resultar dele, nada pode uni-lo à vida. É um instante; não significa a vida, ele é a vida, uma outra vida, oposta de modo exclusivo à vida comum. Eis a razão metafísica da concentração temporal do drama, a exigência da unidade do tempo" (*SuF*, p. 226).

Por exíguos que sejam, "a essência destes grandes instantes da vida é a pura experiência da individualidade" (*SuF*, p. 224).

---

[65] "Só pode haver tragédia, em seu sentido profundo e verdadeiro, quando aqueles que se defrontam numa luta inconciliável brotam do mesmo solo e são aparentados em sua essência mais íntima" (*SuF*, p. 87).

[66] Ver, no mesmo sentido: "Um acontecimento como símbolo de toda a vida: essa não é somente a consideração correta do ideal do drama grego, mas ao mesmo tempo o reconhecimento da única via possível para a autêntica estilização dramática" (*EmD*, p. 170).

Ao defrontar-se com o destino avassalador, o herói cobra fôlego por tomar consciência de seus limites.[67] Tudo o que se acumula em sua alma como simples qualidade secundária passa a engrossar os despojos de que ele se desvencilha, a fim de tomar a peito a sua queda. Não é com resignação melancólica que o herói aceita a ruína, mas de cabeça erguida, certo de realizar sua essência concreta no momento em que assume a fatalidade, sem os disfarces da vida comum, subindo ao degrau mais alto da existência: "No destino que dá forma e no herói que, criando-se, encontra a si mesmo, a pura essência desperta para a vida, a simples vida aniquila-se perante a única realidade verdadeira da essência; para além da vida, foi alcançado um nível do ser repleto de uma plenitude ricamente florescente, diante do qual a vida cotidiana não serve nem sequer de contraste" (*TdR*, p. 32).

Um certo ar rarefeito domina a tragédia; e o plano em que se desenrola a relação entre alma e destino é povoado somente pelo essencial, a fim de que, afastada a atmosfera da vida, tudo o que é contingente abra caminho à necessidade iniludível, na qual o herói realiza a ascese que lhe oferece a forma. Para tanto, é preciso que a tragédia tenha apenas uma dimensão: "a da altura. Ela tem início no momento em que as forças enigmáticas impelem a essência para fora do homem, forçam-no à essencialidade, e sua marcha é apenas uma revelação sempre crescente dessa existência única e verdadeira" (*SuF*, p. 223).

Restringir a tragédia ao mínimo de elementos, esvaziá-la do aparato ornamental, não é portanto uma deficiência a censurar,

---

[67] "A sabedoria do milagre trágico é a sabedoria dos limites. [...] A experiência do limite é o despertar da alma para a consciência, para a consciência de si: ela é pelo fato de ser limitada; é somente porque e na medida em que é limitada" (*SuF*, pp. 230 ss.).

A teoria do romance

mas um requisito do próprio gênero. Estrutura delgada como é, o drama não suporta o peso de pormenores supérfluos e ameaça ruir, caso se queira transpor as tintas carregadas da vida para a tela de seu universo.[68] Como já deve estar claro, isso não implica uma renúncia à configuração do mundo.

> A garantia objetiva de que o completo afastamento de tudo quanto se prende à vida não é uma abstração vazia em relação à vida, mas uma presentificação da essência, pode residir apenas na densidade de que são dotadas essas configurações afastadas da vida; apenas quando o seu ser, para além de toda comparação com a vida, torna-se mais pleno, mais integrado e mais grave do que possa desejá-lo qualquer aspiração à plenitude, surge em evidência tangível que a estilização trágica está consumada; e toda leveza ou palor, que sem dúvida nada têm a ver com o conceito vulgar de falta de vivacidade, revela que a intenção normativamente trágica não estava presente — revela, apesar de todo o requinte psicológico e apuro lírico dos detalhes, a trivialidade da obra (*TdR*, pp. 56-7).

Na tragédia, o menos é mais, e a redução bem concatenada dos elementos básicos só tende a ressaltar as virtudes da forma. Por sinal, logo de saída o gênero dramático esbarra nesse paradoxo[69] que estigmatiza todo o seu procedimento: pelo seu conteúdo, o drama deve ser o conjunto fechado da vida inteira de um homem; pelos seus meios, extremamente restritos no tempo e no espaço, deve ele servir-se do menor número de expedientes para abarcar o máximo possível de imagens. A estilização sempre corre

---

[68] "É inevitável que todo realismo aniquile todos os valores criadores de forma — e que portanto conservam a vida — do drama trágico" (*SuF*, p. 229).

[69] Cf. *EmD*, p. 26.

Posfácio do tradutor

o risco de resvalar para símbolos intelectuais e abstratos — erro capital numa forma cuja prova dos nove é a empatia sensível.

Ao compararmos o drama e a épica, podemos afirmar: o que se perde em extensão recobra-se em profundidade; o que se esvai em cor retorna como brilho; o que se abandona em riqueza retribui-se em boa articulação. "A simplificação de pessoas e acontecimentos no drama trágico não é uma pobreza, senão uma riqueza de forte coesão dotada pela essência das coisas: só entram em cena aquelas pessoas cujo encontro tornou-se destino para elas; só é destacado do todo aquele momento de sua vida que se tornou, precisamente, destino" (*SuF*, p. 234).

É claro que os tempos modernos abalaram profundamente o alicerce do drama.[70] Este se tornou burguês, histórico e individualista, e o centro da configuração dramática, a visão de mundo que era um dado para os gregos, dissipou-se sob o efeito da força centrípeta da evolução histórica.[71] De instante resplendoroso em que o herói depara-se num átimo com seu destino e concretiza sua essência, o drama passou a caminho a ser percorrido no tempo pelos heróis, caminho ao longo do qual eles insistem em libertar-se das coerções da vida e comungar a essência que só aos poucos, *dentro do próprio processo dramático*, lhes é brindada como graça. A disputa entre essência e vida, pensável apenas como pressuposto da forma dramática, transita para o *interior*[72] da

---

[70] "O que a vida moderna aportou como matéria e forma às manifestações vitais do homem dramático foi, em sua natureza, absolutamente prejudicial à forma" (*EmD*, p. 121).

[71] Detalhes da mutação por que passou o drama estão em *EmD*, pp. 52--132, em especial pp. 121-8.

[72] "[...] os heróis dos dramas modernos vivem os pressupostos do drama: o próprio drama percorre o processo de estilização que o escritor — como pressu-

A teoria do romance

configuração, minando-a em sua base sensível e cumulando-a de elemento alheio, eminentemente intelectual. Com a identidade esgarçada, o drama sucumbe a tentações épicas e líricas, tanto pela extensão que o herói deve cobrir numa estrutura avessa ao desenvolvimento quanto pelo exagero de sua necessária solidão.[73] Ser herói na tragédia "não é mais a forma natural de existência da esfera essencial; antes, é o elevar-se acima do que é simplesmente humano [...]. O problema hierárquico entre vida e essência, que para o drama grego era um *a priori* formativo e por isso jamais chegou a ser objeto de representação, é inserido assim no próprio processo trágico" (*TdR*, p. 41).

---

posto fenomenológico de sua criação — teria de cumprir antes do drama" (*TdR*, p. 91). Esse é o chamado drama *sintético*, no qual todos os acontecimentos se dão no palco (drama elisabetano), em oposição ao drama *analítico*, que concebe a obra de sorte a fazer com que todos os sucessos de peso tenham lugar antes de a cortina ser levantada (drama grego), o que reforça a sensação de necessidade imperiosa. Aqui reside um dos fundamentos da rixa secular entre os epígonos de Shakespeare e Sófocles. Ver também, numa visão semelhante à de Lukács, embora não confessada, G. Steiner, *The Death of Tragedy*, Londres, Faber and Faber, 1961.

Há, contudo, uma saída para a tragédia moderna isenta dos efeitos que lhe solapam a forma: "Uma tragédia perfeita e aproblemática só pode surgir, só pode mesmo ser imaginada, quando a solução trágica se produz com forçosa necessidade, a partir da visão de mundo e do mundo sensível do escritor; a tragédia é moderna quando brota organicamente da vida atual. Tudo o que não decorre da visão de mundo não aparece como necessário, ainda que esteja pragmaticamente bemfundamentado no interior do drama. E como a matéria do drama é a vida, e o único meio de estilização das correlações são as possibilidades psíquicas dos homens vivos, deve-se levar em conta todos os problemas e as possibilidades da vida para que a tragédia atinja seus fundamentos. Não há tragédias atemporais; apenas nossa época profundamente inartística as impõe a autores trágicos profunda e artisticamente sensíveis" (*EmD*, pp. 203 ss.).

[73] Cf. *TdR*, p. 43.

Posfácio do tradutor

Seja como for, a saída para o drama moderno está em aferrar-se a suas leis, recompondo metodicamente a corrente de necessidades e também o centro de que ela parte: só assim pode-se resgatar o caráter sensível da ação dramática. Ao remontar um a um os elos da cadeia, o centro da espiral é revelado, *posteriormente*, em sua natureza arbitrária, puramente individual (isso é inevitável, já que a evidência de sentido do mundo helênico foi perdida), mas nem por isso o efeito sensível imediato se acha comprometido. A despeito da ruptura de época, o princípio de estilização é capaz de manter-se idêntico, porque a crise, curiosamente, reforça a própria urgência de se conservar a forma.

Como foi dito, a forma dramática logra por si própria encerrar sua substância numa totalidade fechada; para o drama, de resto, a totalidade é uma noção congênita a suas leis. Isso já não ocorre com a épica, cujo objeto é a vida, não a essência: "O conceito de vida [...] não implica necessariamente sua totalidade. [...] Eis por que pode haver formas épicas cujo objeto não seja a totalidade da vida, porém um recorte, um fragmento de existência capaz de vida própria" (*TdR*, p. 47).

Mas então como elevar à forma — que por definição implica a totalidade — um fragmento esparso acentuado por um sujeito? Como impedir que a forma recaia na subjetividade e reflita não o todo espelhado no fragmento, mas o simples fragmento subjetivo de um todo ainda por ser dotado de sentido? Nas formas épicas menores, o sujeito criador é a unidade última sobre a qual descansa a forma sem totalidade, e o equilíbrio da obra só é alcançado pela delicada inter-relação, de que o sujeito é avalista, entre o seu ato e o objeto por ele sublinhado. A relatividade em que está imerso o fragmento, tanto pela incapacidade própria de instaurar um vínculo significativo com as demais partes da realidade quanto por ser fruto de uma escolha subjetiva e arbitrária, só pode ser alçada à forma quando "uma postulação cons-

A teoria do romance

ciente do sujeito criador da obra puser em evidência um sentido de brilho imanente na existência isolada justamente desse fragmento de vida" (*TdR*, p. 49).

Na novela, a profundidade e o refinamento estão em manter a matéria-prima em estado bruto, não elaborar as possíveis linhas de fuga da narrativa, conservar a natureza tosca de um acontecimento isolado para, nas arestas do relato, poder ferir de modo incisivo os sentidos. O que o romance consegue aos poucos, minando uma a uma as resistências do sentido, a novela faz desabar de uma só vez, num acontecimento único que engloba toda uma vida e descarta os demais fragmentos:

> A essência da forma da novela, em resumo, é: uma vida humana exprimida pela força infinitamente sensível de uma hora do destino. A diferença de extensão da novela e do romance é apenas um símbolo da verdadeira e profunda diferença que determina o gênero artístico: a de que o romance oferece a totalidade da vida também pelo conteúdo, na medida em que situa o homem e seu destino na plena riqueza de um mundo inteiro, enquanto a novela o faz apenas formalmente, por uma configuração tão fortemente sensível de um episódio da vida que, ao lado de sua abrangência universal, todas as outras partes da vida tornam-se supérfluas (*SuF*, p. 108).[74]

Nessas fronteiras rígidas, o quinhão concedido ao sujeito criador é a simples escolha e seleção do recorte: "o arbítrio gri-

---

[74] Ver, no mesmo sentido: "Novela e romance são separados com a máxima evidência pela extensão de seu mundo. Aquela tem por objeto uma ocorrência isolada, este toda uma vida. Aquela escolhe no mundo, com rigor, uma ou outra pessoa e umas poucas circunstâncias externas que lhe são estritamente necessárias; este permite desfilar, ampla e comodamente, tudo o que é imaginável, pois nada é supérfluo a seu objetivo" (*SuF*, p. 170).

Posfácio do tradutor

tante do acaso benfazejo e aniquilador, mas que se abate sempre sem motivo, só pode ser contrabalançado por uma apreensão clara, sem comentários, puramente objetiva" (*TdR*, p. 49).

Ora, o que é configurado são o absurdo e a falta de sentido presente; se o escritor não investe a realidade de sentido, mas apenas recolhe um de seus traços sem polimento, tudo leva a crer que a novela transgrida o mandamento de *positividade* da forma, segundo o qual o carente de sentido deve ser reconduzido a seu significado imanente. À primeira vista o fragmento, em sua natureza desoladora, sem a aura redentora da forma, apontaria no máximo para o desconsolo resignado em face de um mundo no qual a ausência de sentido pode ser constatada, mas não compreendida nem alçada à consciência — um mundo no qual o absurdo pode ser somente negado, não afirmado como absurdo. É nesse ponto que a forma, e a novela em particular, curva-se sobre si própria e rebate em espelho o olhar de Medusa: "Na medida em que a falta de sentido é vislumbrada em sua nudez desvelada e sem disfarces, o poder conjurador desse olhar intrépido e desconsolado confere-lhe o sacramento da forma; a falta de sentido, como falta de sentido, torna-se forma: afirmada, superada e redimida pela forma, ela passa a ser eterna" (*TdR*, pp. 49-50).

Por isso a novela repete em ponto menor o desígnio de toda configuração literária: ela reproduz, em seu próprio *conteúdo* configurado, a marcha por que se pauta a forma ao reconduzir a ausência, como ausência, à plenitude; por isso ela é "a forma mais puramente artística: o sentido último de todo formar artístico é por ela expresso como estado de ânimo, como sentido do conteúdo da configuração, se bem que, por esse mesmo motivo, o faça abstratamente" (*TdR*, p. 49).

Na abstração, a novela tende para o corte trágico. Tragédia e novela compactam ao máximo o vínculo entre personagens, empilham num único gesto camadas de afetos, absorvem comoções de que seus atos são o rastilho imediato. O ângulo que adotam, porém, é inverso: "Uma [a tragédia] é a abstração da grande racionalidade, da representação das necessidades que se atravessam mutuamente, a resolução perfeita e integral de cada possibilidade [...]. A outra [a novela] é a abstração da irracionalidade, o mundo da desordem dominado por instantes inesperados, surpreendentes, que tudo sublevam, refratário a análises, o mundo dos momentos não causais" (*SuF*, p. 168).

Numa obra não publicada de Lukács, que traz o título *Sobre a estética da "história romanesca"*,[75] cogita-se, no entanto, a possibilidade de um drama não trágico, concebido sob o signo do poder *irracional*. Segundo ele, "a característica mais essencial e universal da ação da 'história romanesca' é a sua irracionalidade e (quase podemos acrescentar: aparente) falta de sentido. Pois a racionalidade, quando é realmente profunda e consequente [...] tem de impelir tudo até o extremo, até os últimos limites, até a morte e a tragédia".[76]

---

[75] *Zur Ästhetik der "Romance"*, no manuscrito em alemão que integra a obra póstuma e foi reconstituído por F. Fehér e G. Márkus. Embora não haja certeza, especula-se que essa obra (que apareceu numa versão bastante reduzida sob o título *Über das untragische Drama* [Sobre o drama não trágico] em *Schaubühne*, n° VII/11) tenha sido escrita em março ou abril de 1911. "História romanesca" é a peça não trágica, mas que não se confunde com a tragicomédia, apesar do final feliz. Uns poucos exemplos são o drama indiano, alguns dramas de Eurípides, obras isoladas de Corneille e Racine, toda a obra de Calderón, as últimas peças de Shakespeare e certos dramas modernos, entre eles *Fausto* e *Peer Gynt*. Cf. F. Fehér, "Die Geschichtsphilosophie des Dramas, die Metaphysik der Tragödie und die Utopie des untragischen Dramas: Scheidewege der Dramentheorie des jungen Lukács", *in Die Seele und das Leben*, Frankfurt/M., Suhrkamp, 1977, p. 42.

[76] *Idem*, p. 42.

Posfácio do tradutor

Em vez de submeter-se às forças da vida (que a tragédia revela sob o manto racional, como o destino, a lei, a necessidade) e elevar-se aos cumes da essência, a "história romanesca" quer pôr fim a essa submissão. Isso só é possível com a ajuda das divindades. Somente o sábio e o crédulo, figuras banidas da tragédia,[77] animados pela "paixão patológica" que lhes vem de fora e de que eles são simplesmente o palco, são capazes de desafiar o poder alheio. Nem por isso, no entanto, a tensão é relaxada. Apesar do fim necessariamente conciliador, a "história romanesca" obriga seus heróis a rebelarem-se contra a necessidade (coisa que jamais ocorre na tragédia), a carregarem o fardo tanto maior de lutarem à própria revelia contra o destino opressor.[78]

Aqui, porém, navegamos em outras águas, e embora a novela guarde certo parentesco com a "história romanesca" pelo laço da irracionalidade, ainda estamos na fronteira do drama (por mais que a "história romanesca" se oponha à tragédia), e não da épica.[79] Aliás, se não diferenciássemos entre uma e outra e comparássemos pelo simples prazer de comparar, veríamos que a tragédia e o idílio andam de braços dados até certo ponto de suas estruturas, no que respeita à atmosfera carregada que pesa sobre ambos, mas oprime somente um deles. Nos dois gêneros, "nuvens tempestuosas amontoam-se [...] sobre as cabeças das pessoas, e em ambos elas aguardam com o mesmo sentimento o retum-

---

[77] Cf. *EmD*, p. 41.

[78] "[...] enquanto o homem trágico se bate com o destino, o homem da 'história romanesca' luta *contra* o destino." Citado em F. Fehér, "Die Geschichtsphilosophie des Dramas [...]", *Die Seele und das Leben*, edição citada, p. 47.

[79] A contrapartida épica da "história romanesca" é o conto de fadas (*Märchen*). Cf. F. Fehér, "Die Geschichtsphilosophie des Dramas [...]", *Die Seele und das Leben*, edição citada, p. 43.

A teoria do romance

bar do trovão; só que num dos casos o raio fulmina, no outro, não. A felicidade, do mesmo modo que a infelicidade, vem de fora" (*SuF*, pp. 104 ss.).

Eis aqui a pedra angular do idílio: assegurar o clima jovial sem descuidar das ameaças sempre pendentes na realidade concreta. Nas formas lírico-épicas, como o idílio, "tão logo o que se eleva a sentido pela forma seja significativo também em seu conteúdo, ainda que apenas relativamente, o sujeito emudecido terá de bater-se por palavras próprias que, a partir do sentido relativo do acontecimento configurado, construam uma ponte rumo ao absoluto" (*TdR*, p. 50).

Esse é particularmente o caso dos "grandes idílios", em que "a totalidade da vida, com todos os seus perigos, ainda que abafados e atenuados por vastas distâncias, penetra nos próprios acontecimentos", em que "a voz do próprio escritor tem de soar" e "sua mão tem de criar distâncias salutares, para que nem a felicidade triunfante de seus heróis torne-se a complacência indigna dos que covardemente voltam as costas ante a excessiva iminência de uma calamidade não superada, mas simplesmente removida para eles, nem os perigos e o abalo da totalidade da vida que lhes dá causa, tornem-se pálidas quimeras, rebaixando o júbilo da salvação a uma farsa banal" (*TdR*, p. 50). Assim, a voz do escritor tem de erguer-se como contrapeso salutar, rente aos perigos iminentes do mundo exterior, a fim de, pelo contraste, fazer notar com brilho redobrado o milagre da impassibilidade idílica. Sem o choque da discrepância, o mundo investido de sentido pelo escritor pesaria demais num só dos pratos e romperia o fiel da balança artística; sem a ameaça que espreita no exterior, a faceta interna seria despojada, por tabela, de sua graça serena: "Todo idílio tem como pano de fundo a ameaça de um perigo exterior; de outro modo, o alvo fulgor da serenidade interna de seus acontecimentos se tornaria baço e monótono" (*SuF*, pp 147 ss.).

Posfácio do tradutor

Nas cenas idílicas dignas do nome, "a dureza cruel do exterior constitui seu constante pressuposto, seu eterno e imutável pano de fundo — sendo mesmo, muitas vezes, o que as engendra" (*SuF*, p. 148). Ora, essa aderência arrojada à aspereza da vida aproxima o idílio da novela; de fato, o idílio guarda em comum com o gênero novelístico a configuração de uma só ocorrência e de um só destino, pois senão resvalaria para o traço derramado da grande épica. Se em sua técnica a familiaridade com a novela é grande, em sua essência não poderia haver algo mais diverso. Isso ocorre porque no idílio — ou *chantefable*, como o batiza Lukács[80] — a ação isolada sai dos quadros sombrios da novela para adquirir novo alento a partir dos sentimentos de uma alma; a ocorrência, porém — e isso é fundamental —, nada perde de seu impacto objetivo, embora passe simultaneamente pelo crivo do sentido encarnado no anseio do herói. O foco subjetivo, por assim dizer, absorve o feixe de raios divergentes da realidade e os faz convergir para o sujeito, que lhes atribui sentido pela deflexão, mas não os decompõe em prisma dispersivo. Isso só é possível

> [...] quando o acontecimento, em sua materialidade epicamente objetivada, torna-se o portador e o símbolo de um sentimento infinito; quando uma alma é o herói e a sua aspiração, o enredo; [...] quando o objeto, o evento configurado, permanece e deve permanecer algo isolado, mas quando na experiência que assimila e irradia o acontecimento está depositado o significado último de toda a vida, o poder do artista de conferir-lhe sentido e subjugá-la (*TdR*, pp. 50-1).

Curioso é que a silhueta do idílio repete a mesma sobriedade de contornos que a novela, transformando-se em seu oposto

---

[80] Cf. *SuF*, p. 151, e *TdR*, p. 51.

— mas mantendo-se épica, não lírica — pelo mero toque do sujeito criador:

> A ocorrência é contingente, como na novela, mas por outras razões. Não é através do que costumamos chamar contingência que a necessidade corriqueira e morta do nexo dos acontecimentos externos irrompe aqui; antes, tudo o que é exterior, com todas as suas necessidades, é rebaixado a contingência pela alma, e tudo se torna igualmente contingente em face dela. Tal conversão da lírica em épica significa, portanto, uma conquista do exterior pelo interior, uma explicitação da transcendência na vida. O rigor da forma consiste no permanecer épica, no fato de que interior e exterior estão reunidos e separados com igual rigor e de que a realidade do real não é dissolvida nem violada (*SuF*, p. 152).

Em todo caso, a garantia última da unidade é o próprio escritor, e a força de seu poder, exclusivamente lírica; "é a personalidade do artista, ciosa de sua soberania, que faz ressoar a própria interpretação do sentido do mundo" (*TdR*, p. 51). Como síntese entre épica e lírica, a forma idílica situa-se a meio caminho de ambas. De outro ângulo, lírica e idílio unem-se pelo jogo espelhado entre aspiração (*Sehnsucht*) e satisfação (*Erfüllung*). No idílio, "um acontecimento deve, em sua existência simplesmente empírica, absorver em si toda a aspiração; deve esgotar-se inteiramente nele. O acontecimento deve permanecer, porém, um acontecimento, sensível e pleno de valor para si, e a aspiração jamais pode perder sua força e infinidade. No idílio, o puramente exterior da vida teria de converter-se em lírica, em música" (*SuF*, p. 150).

Ora, a lírica, por sua vez, tem de excluir de si todo o mundo, com todos os seus atos e ocorrências, "para que o sentimento sem objeto tangível, torcendo-se sobre si mesmo, repouse em si"; a poesia, contudo, não pode viver sem dissonância, "pois sua essência é o movimento, e este só pode ir da desarmonia à harmonia e desta àquela" (*SuF*, p. 150). Em outras palavras, o idílio dá forma à satisfação por incorporar a aspiração; a lírica configura a aspiração por abrigar a satisfação, num jogo pendular de movimentos opostos.

O ponto de divergência, assim, é o contato mantido com a realidade. Se no idílio tudo o que é externo torna-se interno por preservar-se, paradoxalmente, como externo, na lírica o universo interior, por desmantelar o exterior e reordená-lo, recria a partir de dentro a dinâmica do mundo. Um garante a paz em seus domínios ao acenar com o inimigo externo presente mas — no fundo — impotente ao longo de suas fronteiras; a outra esforça-se por promover a efervescência constante no próprio solo, inserindo sempre novos elementos externos, embora — no fundo — lhe esteja penhorada a coesão e unidade internas. A subjetividade lírica "conquista para seus símbolos o mundo externo; [...] ela, como interioridade, jamais se opõe de maneira polêmica e repreensiva ao mundo exterior que lhe é designado, jamais se refugia em si mesma para esquecê-lo, mas antes, conquistando arbitrariamente, colhe os fragmentos desse caos atomizado e os funde [...] no recém-surgido cosmos lírico da pura interioridade" (*TdR*, pp. 119-20).

Se da novela para as formas lírico-épicas vai um salto, a distância que separa estas da grande épica é quase tão grande quanto a que há entre todas as formas épicas e o drama. Na grande épica, a única subjetividade criadora é a que aceita humildemente cada um dos detalhes que se prendem à vida, sem buscar maquiá-los em benefício da beleza do conjunto: "O esquecimento da escravidão nos belos jogos de uma fantasia alforriada ou na serena fuga rumo a ilhas afortunadas, não localizáveis no mapa-múndi dos vínculos triviais, jamais poderá levar à grande épica [...]: to-

A teoria do romance

dos os abismos e fissuras inerentes à situação histórica têm de ser incorporados à configuração e não podem nem devem ser encobertos por meios composicionais" (*TdR*, pp. 58 e 60).

Como no drama — se bem que agora o objeto seja a extensão da vida —, a epopeia e o romance, as duas objetivações da grande épica, empenham-se em configurar uma *totalidade*, e não apenas um recorte do mundo, a exemplo das formas menores: "O romance é a epopeia de uma era para a qual a totalidade extensiva da vida não é mais dada de modo evidente, para a qual a imanência do sentido à vida tornou-se problemática, mas que ainda assim tem por intenção a totalidade. [...] A epopeia dá forma a uma totalidade de vida fechada a partir de si mesma, o romance busca descobrir e construir, pela forma, a totalidade oculta da vida" (*TdR*, pp. 55 e 60).

Mas se a época moderna perdeu a imanência do sentido à vida e se o romance, como gênero épico, dá *forma* à totalidade extensiva da vida, como arrancar do seio da própria vida o sentido de que ela já não dispõe? Se o romance repousa sobre um fundamento abstrato, em que sujeito e realidade se opõem surdamente, sem um vínculo que lhes abrevie a distância por meio da compreensão do antagonismo,[81] como aceder à forma sem desdizer a realidade, ou — o que dá no mesmo — como aderir

---

[81] Cf. *TdR*, p. 70: "Assim, na acepção hegeliana, os elementos do romance são inteiramente abstratos: abstrata é a aspiração dos homens imbuída da perfeição utópica, que só sente a si mesma e a seus desejos como realidade verdadeira; abstrata é a existência de estruturas que repousam somente na efetividade e na força do que existe; e abstrata é a intenção configuradora que permite subsistir, sem ser superada, a distância entre os dois grupos abstratos dos elementos de configuração, que a torna sensível, sem superá-la, como experiência do homem romanesco, que dela se vale para unir ambos os grupos e portanto a transforma no veículo da composição".

Posfácio do tradutor

à realidade sem romper com a forma? "A conversão em forma do fundamento abstrato do romance é a consequência do autorreconhecimento da abstração; a imanência do sentido exigida pela forma nasce justamente de se ir implacavelmente até o fim no desvelamento de sua ausência" (*TdR*, p. 72).

Esta é a verdadeira positividade do gênero romanesco: "[...] o positivo, a *afirmação* expressa pela forma do romance, para além de todo desalento e tristeza de seus conteúdos, não é apenas o sentido a raiar ao longe, que clareia em pálido brilho por trás da busca frustrada, mas a plenitude da vida que se revela, precisamente, na múltipla inutilidade da busca e da luta" (*TdR*, p. 130; grifo meu).

Contudo, se até aqui o romance seguia à risca a marcha comum aos outros gêneros, seu processo de dar forma inverte a ordem dos fatores, potencializando-lhe a problemática, pois "em toda as outras formas, [...] essa *afirmação* é algo anterior à figuração, enquanto no romance ela é a própria forma" (*TdR*, p. 72; grifo meu).

Ética e estética, em cada uma das demais formas, davam as mãos para abonar o êxito do gênero *antes* de iniciada a configuração. Nelas, à diferença da forma romanesca, a ética é "um pressuposto puramente formal", responsável por calibrar a sintonia do gênero segundo as leis que lhe são próprias e aterrar previamente o solo sobre o qual se erguerá a obra específica (no drama, ela garante a profundidade para alcançar a essência; na epopeia, a extensão que possibilita a totalidade; nos outros gêneros, a amplitude para equilibrar as partes integrantes, como tivemos ocasião de ver); no romance, ao contrário, "a ética [...] é visível na configuração de cada detalhe e constitui portanto, em seu conteúdo mais concreto, um elemento estrutural eficaz da própria composição literária" (*TdR*, p. 72). Portanto, a existência dos demais gêneros repousa numa forma já consumada, cuja perfei-

A teoria do romance

ção e arremate dependem somente da aplicação judiciosa dos preceitos formais inferidos, por assim dizer, na antecâmara da configuração propriamente dita; já no romance, o que era franquia da forma transita para o conteúdo configurado e força as leis tutelares do gênero a se constituírem no *processo* de criação. Expande-se a latitude de manobra, mas em troca o gênero se vê obrigado, por sua própria conta e risco, a encontrar o tato regulador com que compensar o subjetivismo e dar o mundo como caução. É lícito supor que a ética, agora não mais como *a priori* formal e sim como conteúdo da obra, crie o descompasso entre a objetividade normativa da épica e a gritante subjetividade que suporta a estrutura da forma.

Ora, se a ética da subjetividade criadora é o princípio unificador último do gênero, só se poderá reconstruir a imanência do sentido do mundo objetivo caso ela, subjetividade, se volte sobre si mesma e anule, como autocorreção *ética*, o excesso de subjetivismo, a fim de recriar o equilíbrio indispensável com os objetos da realidade. A um tal expediente se dá o nome de *ironia*. Longe de ser a volúpia do sujeito que se sabe acima de seus objetos,[82] a

---

[82] Esse é aproximadamente o argumento de dois opositores inveterados da ironia romântica, Kierkegaard e Hegel (Ver S. Kierkegaard, *O conceito de ironia*, Petrópolis, Vozes, 1981, e G. W. F. Hegel, "Estética: a ideia e o ideal", *in Os pensadores*, São Paulo, Nova Cultural, 1991, pp. 58-62). Para a defesa do caráter objetivo da ironia entre os românticos, ver W. Benjamin, *O conceito de crítica de arte no romantismo alemão*, São Paulo, Iluminuras, 1993, e M. Frank, *Einführung in die frühromantische Ästhetik*, Frankfurt/M., Suhrkamp, 1989, especialmente preleções 17 e 18. Segundo R.-P. Janz, "enquanto Hegel — contra Friedrich Schlegel — interpreta criticamente a ironia como expressão de um subjetivismo ilimitado, Lukács a concebe como um procedimento de autorreflexão, que tem como resultado a percepção dos limites do sujeito ético e que evita, justamente, a arbitrariedade do ironista verberada por Hegel" (R.-P. Janz, "Zur Historizität und

Posfácio do tradutor

ironia é o penhor da objetividade épica no romance. É ela que restitui *après coup*, no processo mesmo de formação da obra, o que às demais formas está afiançado de antemão. Dois são os passos seguidos pela ironia para rematar a forma — passos estes destacados apenas em abstrato, mas que compõem um todo na obra concreta:

> [...] a reflexão do indivíduo criador, a ética do escritor no tocante ao conteúdo, possui um caráter duplo: refere-se ela sobretudo à configuração reflexiva do destino que cabe ao ideal na vida, à efetividade dessa relação com o destino e à consideração valorativa de sua realidade. Essa reflexão torna--se novamente, contudo, um objeto de reflexão: ela própria é meramente um ideal, algo subjetivo, meramente postulativo; também ela se defronta com um destino numa realidade que lhe é estranha, destino este que, *dessa vez puramente refletido e restrito ao narrador*, tem de ser *configurado* (*TdR*, p. 86; grifos meus).

Esse segundo passo, que gira a composição sobre os gonzos por restringir-se à voz do narrador, afeta profundamente o ato figurativo que tem lugar no primeiro instante. Com laços bem atados à contingência do mundo, o narrador passa juízo sobre si próprio e transforma a configuração *subjetiva* do destino em significado arquitetônico *objetivo* das partes isoladas. O que era uma visão idiossincrática do *conteúdo* da realidade faz-se vinco objetivo, sedimentado na *forma* composicional.[83] Isso se dá justamen-

---

Aktualität der *Theorie des Romans* von Georg Lukács", *in Jahrbuch der deutschen Schillergesellschaft*, 22, 1978, p. 686).

[83] Sobre o rígido significado arquitetônico-composicional do romance, ver *TdR*, p. 76. Nesse sentido, pode-se dizer que a "força caucionadora passa do au-

A teoria do romance

te porque o segundo momento, embora seja uma injunção ética que não entra como *conteúdo* da obra (pois isso seria despir um santo para vestir outro, impugnar uma percepção subjetiva por outra que lhe segue), há por força de ser *configurado*, ou seja, ingressar na *forma*. Longe de ser um *piétinement sur place*, um ato do sujeito criador que se afirma livre perante a matéria narrada, esse segundo instante não é, a princípio, uma voz adicionada à ficção,[84] mas sobretudo uma consciência que se faz presente por insinuar-se em cada detalhe, como diretriz arquitetônica *objetiva* das partes.[85]

O romance, assim, por mérito do tato irônico, é o único gênero que, ao narrar uma história, diz simultaneamente também *como* o faz. Passo a passo, a sutura de sentido que une os fragmentos num todo coeso é ela mesma ingrediente ficcional. A marcha e o procedimento do romance põem deliberadamente a descoberto a própria dinâmica artística como o centro da narrativa. Mas não se deve perder de vista que a ironia aponta uma dialética absolutamente intelectual, e não uma evidência

---

tor ou das ideias para a consistência interna, cujo adensamento, total na medida do possível, transformado em objetivo estético, leva ao romance escrito com os cuidados da poesia". R. Schwarz, *Um mestre na periferia do capitalismo: Machado de Assis*, edição citada, p. 171.

[84] Embora *também* possa sê-lo, como é evidente desde o primeiro grande romance da literatura mundial, o *Dom Quixote*. Cf. R. Alter, *Partial Magic: The Novel as a Self-Conscious Genre*, Berkeley, University of California Press, 1978.

[85] Essa parece ser, aliás, a visão que Proust tem do sujeito criador, quando por exemplo toma partido das "oeuvres d'art achevées où il n'y a pas une seule touche qui soit isolée, où chaque partie tour à tour reçoit des autres sa raison d'être comme elle leur impose la sienne", *apud* L. Spitzer, *Linguistics and Literary History*, edição citada, p. 129.

Posfácio do tradutor

imediata, "literário-sensível" (*TdR*, p. 80),[86] e como tal cumpre ser reconhecida pelo leitor, que conforme o caso é chamado a desmentir o relato de superfície à luz da escrupulosa ordem na qual se encadeia a matéria romanesca.

Reconduzida a vida à imanência de seu sentido, nem por isso preenche-se o hiato entre as esferas real e ideal, entre ser e dever-ser. A divergência e os conflitos entre interior e exterior "não são superados, mas apenas reconhecidos como necessários"; "só é possível alcançar um máximo de aproximação, uma profunda e intensa iluminação do homem pelo sentido de sua vida" (*TdR*, p. 75 e 82). Isso já não admira, pois bem se sabe que, afinal de contas, "a grande épica é uma forma ligada à empiria do momento histórico, e toda tentativa de configurar o utópico como existente acaba apenas por destruir a forma, sem criar realidade" (*TdR*, p. 160).

Assim, a clarividência máxima de que o romance é o veículo só é possível porque ele, como forma representativa de sua época, faz coincidir de modo *constitutivo* suas categorias com a situação do mundo, isto é, dá a conhecer o sistema *regulativo* de ideias que funda a realidade. Maleável, o romance não assimila a realidade numa estrutura calcificada, mas antes, por ser capaz de imitar na sua própria forma o conteúdo esquivo do mundo, adapta-se à desarmonia e a transcreve como elemento formal.

---

[86] Ver nesse mesmo sentido: "A totalidade do romance só se deixa sistematizar abstratamente, razão pela qual também um sistema atingível nesse caso [...] pode ser apenas um sistema de conceitos deduzidos e que, portanto, em seu caráter imediato, não entra em apreço na configuração estética. Sem dúvida, esse sistema abstrato é justamente o fundamento último sobre o qual tudo se constrói, mas na realidade dada e configurada vê-se apenas sua distância em relação à vida concreta, como convencionalidade do mundo objetivo e como exagerada interioridade do mundo subjetivo" (*TdR*, p. 70).

A teoria do romance

Numa amplitude inviável aos demais gêneros, o romance absorve com apetite voraz as relações reais e as transforma em movimento do enredo — e isso quer na narrativa, quer na prosa das frases isoladas. Em perfeita sintonia com os tempos, os grandes romances são os únicos aptos a ajustar-se com folga à configuração irrestrita de sua matéria e a aflorar "em símbolo do essencial que há para dizer" (*TdR*, p. 90).

3. Bibliografia

Obras do jovem Lukács

"Die deutschen Intellektuellen und der Krieg", *in Text+Kritik*, 39/40. Munique: Richard Boorberg, 1973.

Die Seele und die Formen: Essays. Neuwied/Berlim: Hermann Luchterhand, 1971.

Die Theorie des Romans: ein geschichtsphilosophischer Versuch über die Formen der grossen Epik. Munique: DTV, 1994.

Entwicklungsgeschichte des modernen Dramas. Darmstadt/Neuwied: Hermann Luchterhand, 1981.

Heidelberger Ästhetik, 1916-1918. Organização de György Márkus e Frank Benseler. Darmstadt/Neuwied: Hermann Luchterhand, 1974.

Heidelberger Philosophie der Kunst, 1912-1914. Organização de György Márkus e Frank Benseler. Darmstadt/Neuwied: Hermann Luchterhand, 1974.

Selected Correspondence 1902-1920. Seleção, organização, tradução e notas de Judith Marcus e Zoltán Tar. Nova York: Columbia University Press, 1986.

"Zur Theorie der Literaturgeschichte", *in Text+Kritik*, 39/40. Munique: Richard Boorberg, 1973.

Traduções

L'Âme et les formes. Tradução e posfácio de Guy Haarscher. Paris: Gallimard, 1974.

La Théorie du roman. Tradução de Jean Clairevoye. Genebra: Gonthier, 1963.

Posfácio do tradutor

The Theory of the Novel. Tradução de Anna Bostock. Cambridge: MIT, 1971.

A teoria do romance. Tradução do francês de Alfredo Margarido. Lisboa: Presença, s.d.

Obras de referência

ADORNO, Th. W. "Der Essay als Form", *in Noten zur Literatur I.* Frankfurt/M.: Suhrkamp, 1980. Trad. bras.: "O ensaio como forma", *in Notas de literatura I,* tradução de Jorge de Almeida. São Paulo: Duas Cidades/Editora 34, 2003, pp. 15-45 (Coleção Espírito Crítico).

_____. "Posição do narrador no romance contemporâneo", *in Os pensadores.* Tradução de Modesto Carone. São Paulo: Abril Cultural, 1980. Nova trad.: "Posição do narrador no romance contemporâneo", *in Notas de literatura I,* tradução de Jorge de Almeida. São Paulo: Duas Cidades/Editora 34, 2003, pp. 55-63 (Coleção Espírito Crítico).

ALTER, R. *Partial Magic: The Novel as a Self-Conscious Genre.* Berkeley: University of California Press, 1978.

ARISTÓTELES. *Poética.* Tradução, introdução e comentários de Eudoro de Souza. Porto Alegre: Globo, 1966.

AUERBACH, E. *Mimesis: Dargestellte Wirklichkeit in der Abendländischen Literatur.* Berna: Francke, 1988.

BAKHTIN, M. *Questões de literatura e de estética: a teoria do romance.* Tradução de Aurora F. Bernardini *et al.* São Paulo: Unesp/Hucitec, 1993.

BENJAMIN, W. *O conceito de crítica de arte no romantismo alemão.* Tradução, introdução e notas de Márcio Seligmann-Silva. São Paulo: Iluminuras, 1993.

_____. "O narrador: observações sobre a obra de Nikolai Leskov", *in Os pensadores.* Tradução de Modesto Carone. São Paulo: Abril Cultural, 1980.

BLANKENBURG, F. *Versuch über den Roman* (faksimiledruck der Originalausgabe von 1774). Stuttgart: J. B. Metzler, 1965.

BÜRGER, P. "Essayismus und Ironie beim frühen Lukács" [Ensaísmo e ironia no jovem Lukács], *in Prosa der Moderne.* Frankfurt/M.: Suhrkamp, 1992.

_____. *Zur Kritik der idealistischen Ästhetik.* Frankfurt/M.: Suhrkamp, 1983.

A teoria do romance

CANDIDO, A. *Formação da literatura brasileira*. São Paulo: Martins, 1959.

_____. *O discurso e a cidade*. São Paulo: Duas Cidades, 1993.

_____. "O patriarca", *in A educação pela noite e outros ensaios*. São Paulo: Ática, 1989.

_____. "Timidez do romance", *in A educação pela noite e outros ensaios*. São Paulo: Ática, 1989.

CONGDON, L. *The Young Lukács*. Chapel Hill: The University of North Carolina Press, 1983.

DE MAN, P. "Georg Lukács's *Theory of the Novel*", *in Blindness and Insight*. Londres: Methuen & Co., 1983.

FEHÉR, F. "Am Scheideweg des romantischen Antikapitalismus: Typologie und Beitrag zur deutschen Ideologiegeschichte gelegentlich des Briefwechsels zwischen Paul Ernst und Georg Lukács" [Na encruzilhada do anticapitalismo romântico: tipologia e contribuição à história da ideologia alemã a partir da correspondência entre Paul Ernst e Georg Lukács], *in Die Seele und das Leben: Studien zum frühen Lukács*. Organização de Agnes Heller. Frankfurt/M.: Suhrkamp, 1977.

_____. "Die Geschichtsphilosophie des Dramas, die Metaphysik der Tragödie und die Utopie des untragischen Dramas: Scheidewege der Dramentheorie des jungen Lukács" [A filosofia histórica do drama, a metafísica da tragédia e a utopia do drama não trágico: encruzilhadas da teoria do drama do jovem Lukács], *in Die Seele und das Leben: Studien zum frühen Lukács*. Frankfurt/M.: Suhrkamp, 1977.

_____. "Es problemática la novela? Una contribución a la teoría de la novela", *in Dialéctica de las formas: el pensamiento estético de la Escuela de Budapest*. Barcelona: Península, 1987.

FICHTE, J. G. "Grundzüge des gegenwärtigen Zeitalters" [Elementos do tempo presente], *in Werke*, vol. VII. Berlim: Walter de Gruyter & Co., 1971.

FRANK, M. *Einführung in die frühromantische Ästhetik*. Frankfurt/M.: Suhrkamp, 1989.

GLUCK, M. *Georg Lukács and his Generation: 1900-1918*. Cambridge: Harvard University Press, 1985.

GOETHE, J. W. *Goethes Werke* (Hamburger Ausgabe). Hamburg: DTV, 1988.

Posfácio do tradutor

GOETHE/SCHILLER. *Briefwechsel*. Frankfurt/M.: Fischer, 1961.

GOLDMANN, L. *Le Dieu caché*. Paris: Gallimard, 1959.

_____. *Sociologia do romance*. Tradução de Álvaro Cabral. Rio de Janeiro: Paz e Terra, 1967.

HÄGG, T. *The Novel in Antiquity*. Oxford: Basil Blackwell, 1983.

HEBBEL, F. *Sämtliche Werke. Historisch-kritische Ausgabe*. Berlim, 1905.

HEGEL, G. W. F. *Vorlesungen über die Aesthetik*. Jubiläumsausgabe, vol. III. Stuttgart, 1964.

HOLQUIST, M. *Dialogism: Bakhtin and his World*. Londres: Routledge, 1990.

JANZ, R.-P. "Zur Historizität und Aktualität der *Theorie des Romans* von Georg Lukács" [Sobre a historicidade e atualidade da *Teoria do romance* de Georg Lukács], *in Jahrbuch der deutschen Schillergesellschaft*, 22, 1978.

JAUSS, H. R. *Zeit und Erinnerung in Marcel Prousts À la recherche du temps perdu: ein Beitrag zur Theorie des Romans*. Frankfurt/M.: Suhrkamp, 1986.

KANT, I. *Kritik der praktischen Vernunft*. Akademie Textausgabe, vol. V. Berlim: Walter de Gruyter & Co., 1968.

KARÁDI, E. "Bloch und Lukács im Weber-Kreis" [Bloch e Lukács no círculo de Weber], *in Verdinglichung und Utopie*. Frankfurt/M.: Sendler, 1987.

KIERKEGAARD, S. A. *O conceito de ironia*. Petrópolis: Vozes, 1991.

LEPENIES, W. *As três culturas*. Tradução de Maria Clara Cescato. São Paulo: Edusp, 1996.

LEVIN, H. "Towards a Sociology of the Novel", *in Refractions*. Londres: Oxford University Press, 1966.

LÖWY, M. "Der junge Lukács und Dostojewski" [O jovem Lukács e Dostoiévski], *in Georg Lukács: Jenseits der Polemiken*. Frankfurt/M.: Sendler, 1986.

_____. "Die revolutionäre Romantik von Bloch und Georg Lukács" [O romantismo revolucionário de Bloch e Georg Lukács], *in Verdinglichung und Utopie*. Frankfurt/M.: Sendler, 1987.

_____. *Para uma sociologia dos intelectuais revolucionários*. Tradução de Heloísa Helena A. Mello, Agostinho Ferreira Martins e Gildo Marçal Brandão. São Paulo: Livraria Editora Ciências Humanas, 1979.

A teoria do romance

_____. *Romantismo e messianismo: ensaios sobre Lukács e Benjamin*. Tradução de Myrian Veras Baptista. São Paulo: Perspectiva, 1990.

MANN, T. "Betrachtungen eines Unpolitischen", *in Gesammelte Werke*, vol. XII. Frankfurt/M.: Fischer, 1960.

MÁRKUS, G. "Life and the Soul: The Young Lukács and the Problem of Culture", *in Lukács Reappraised*. Organização de Agnes Heller. Nova York: Columbia University Press, 1983.

_____. "Lukács' 'erste' Ästhetik: zur Entwicklungsgeschichte der Philosophie des jungen Lukács" [A 'primeira' estética de Lukács: sobre a história do desenvolvimento da filosofia do jovem Lukács], *in Die Seele und das Leben: Studien zum frühen Lukács*. Organização de Agnes Heller. Frankfurt/M.: Suhrkamp, 1977.

MERQUIOR, J. G. *Formalismo e tradição moderna: o problema da arte na crise da cultura*. Rio de Janeiro/São Paulo: Forense Universitária/Edusp, 1974.

_____. "O texto como resultado (notas sobre a teoria da crítica em Antonio Candido)", *in Esboço de figura*. São Paulo: Duas Cidades, 1979.

NOVALIS. *Werke, Tagebücher und Briefe*. Munique: Carl Hanser, 1978.

PERRY, B. E. *The Ancient Romances*. Berkeley: University of California Press, 1967.

SCHILLER, F. *Poesia ingênua e sentimental*. Estudo, tradução e notas de Marcio Suzuki. São Paulo: Iluminuras, 1991.

SCHLEGEL, F. *Conversa sobre a poesia e outros fragmentos*. Tradução, prefácio e notas de Victor-Pierre Stirnimann. São Paulo: Iluminuras, 1994.

_____. *Kritische Ausgabe*, vol. II. Paderborn: Ferdinand Schöningh, 1967.

_____. *O dialeto dos fragmentos*. Tradução, apresentação e notas de Marcio Suzuki. São Paulo: Iluminuras, 1997.

SCHWARZ, R. *Um mestre na periferia do capitalismo: Machado de Assis*. São Paulo: Duas Cidades/Editora 34, 2000.

SIMMEL, G. "Der Begriff und die Tragödie der Kultur" [O conceito e a tragédia da cultura], *in Philosophische Kultur: über das Abenteuer, die Geschlechter und die Krise der Moderne* [Cultura filosófica: sobre a aventura, os sexos e a crise da modernidade]. Berlim: Klaus Wagenbach, 1983.

Posfácio do tradutor

SIMONE, A. *Lukács e Simmel: il disincanto della modernità e le antinomie della ragione dialettica*. Lecce: Milella, 1985.

SPITZER, L. *Linguistics and Literary History: Essays in Stylistics*. Nova York: Russell & Russell, 1962.

STEINER, G. *The Death of Tragedy*. Londres: Faber and Faber, 1961.

STEVENSON, R. L. "Une note sur le réalisme", *in Essays sur l'art de la fiction*. Paris: La Table Ronde, 1988.

SZONDI, P. "Friedrich Schlegels Theorie der Dichtarten: Versuch einer Rekonstruktion auf Grund der Fragmente aus dem Nachlass" [A teoria dos gêneros poéticos de Friedrich Schlegel: ensaio de uma reconstrução com base nos fragmentos póstumos], *in Schriften II*. Frankfurt/M.: Suhrkamp, 1978.

_____. "Von der normativen zur spekulativen Gattungspoetik" [Da poética dos gêneros normativa à especulativa], *in Poetik und Geschichtsphilosophie II*. Frankfurt/M.: Suhrkamp, 1974.

_____. *Theorie des modernen Dramas*. Frankfurt/M.: Suhrkamp, 1963.

TOMACHEVSKI, B. "Temática", *in Teoria da literatura: formalistas russos*. Organização, apresentação e apêndice de Dionísio de Oliveira Toledo. Tradução de Regina Zilberman *et al*. Porto Alegre: Globo, 1971.

WEBER, M. *Gesammelte Aufsätze zur Wissenschaftslehre* [Ensaios completos de teoria social]. Tübingen: Mohr Siebeck, 1922.

Índice onomástico

Adorno, Theodor W., 18, 64, 79, 197
Alfieri, Vittorio, 39
Aristóteles, 134, 185-6, 189
Balzac, Honoré de, 10, 113
Benjamin, Walter, 18, 38, 220
Benn, Gottfried, 14
Bergson, Henri, 11, 127
Bismarck, Otto von, 18
Bloch, Ernst, 14, 18, 172
Browning, Robert, 90, 110
Carlyle, Thomas, 16
Cassirer, P., 7
Cervantes, Miguel de, 52, 58, 103, 106-7, 112, 137
Cézanne, Paul, 184
Cobbett, William, 16
Dante Alighieri, 35, 53, 58-9, 68-9, 82, 84, 100, 104-5, 134, 160-1
Defoe, Daniel, 10
Dickens, Charles, 112
Dietrich (de Berna), 68
Dilthey, Wilhelm, 9, 11-2, 15
Dostoiévski, F., 10, 16, 160-2, 167-9

Dvorák, Max, 9
Ernst, Paul, 77, 160, 167, 170
Eurípides, 37, 212
Fichte, Johann Gottlieb, 15, 160
Fielding, Henry, 10
Flaubert, Gustave, 10, 131, 136, 159
Freytag, Gustav, 138
Giotto, 35
Goethe, J. W., 12, 16, 50, 53, 56, 58, 77, 88, 91, 128, 145, 147-9, 152, 154, 186-7, 192
Gógol, Nikolai, 112-3
Gontcharov, Ivan, 126
Gottfried (de Estrasburgo), 60
Hebbel, Friedrich, 50, 53-4, 93, 111, 134, 170
Hegel, G. W. F., 9, 12-6, 55, 107, 189, 220-1
Herder, Johann Gottfried, 192
Homero, 27, 31, 33, 45, 57-8, 160
Ibsen, Henrik, 91, 110-1, 170
Jacobsen, Jens Peter, 125
Jaspers, Karl, 15
Jean Paul, 52

A teoria do romance

Joyce, James, 11

Kant, Immanuel, 9, 30, 34, 184

Keller, Gottfried, 143

Kierkegaard, Sören, 15, 110, 178, 220

Kleist, Heinrich von, 108, 113

Kun, Béla, 170

Mann, Thomas, 11, 16, 151

Marx, Karl, 13, 15

Meyer, Conrad Ferdinand, 121

Nietzsche, Friedrich, 18

Novalis, 25, 37, 81, 86, 145-7, 151, 178

Philippe, Charles-Louis, 51

Pisano, 35

Platão, 31, 33

Pontoppidan, Henrik, 10, 84, 115-7, 119, 136

Proust, Marcel, 11, 159, 222

Ranke, Leopold von, 12-3

Rickert, Heinrich, 12

Rousseau, Jean-Jacques, 152

São Francisco, 35

São Tomás, 35

Sartre, Jean-Paul, 18

Schiller, Friedrich, 12, 56, 108, 111, 128, 149, 162, 186-7, 192

Schlegel, Friedrich, 12, 37-8, 74, 81, 189, 197, 220

Schopenhauer, Arthur, 18

Scott, Walter, 121

Shakespeare, William, 39, 53, 208, 212

Shaw, Bernard, 113

Simmel, Georg, 9, 11, 165, 183-4, 191

Sófocles, 208

Solger, K. W. F., 12

Sorel, Georges, 14

Spengler, Oswald, 12

Stendhal, 10

Sterne, Laurence, 52, 112

Storm, Theodor, 59

Strindberg, August, 170

Swift, Jonathan, 75

Tolstói, Leon, 10, 16, 150, 153-60

Tönnies, Ferdinand, 171

Troeltsch, Ernst, 168

Turguiêniev, Ivan S., 152

Virgílio, 47

Weber, Max, 11, 165-9, 171-2

Wedekind, Frank, 170

Wolfram (de Eschenbach), 35, 60

Zola, Émile, 47

Zweig, Arnold, 19

Sobre o autor

Georg Lukács nasceu no dia 13 de abril de 1885, em Budapeste, Hungria. Em 1902 ingressou no curso de ciências jurídicas na Universidade de Budapeste. Ajudou a criar o Teatro Thalia, em 1904, voltado exclusivamente à encenação de autores modernos como Ibsen e Strindberg. Em 1909, doutorou-se em Filosofia, passando a estudar, até 1912, em Berlim, onde se tornou discípulo de Georg Simmel e amigo de Ernst Bloch. Posteriormente, entre 1913 e 1916, alternou viagens a Itália e França, com estadas em Heidelberg, Alemanha. Nesse período, frequentou o círculo intelectual de Max Weber e redigiu *A teoria do romance*. De volta a Budapeste, colaborou na "Escola Livre das Ciências do Espírito" fundada por Karl Mannheim e Arnold Hauser.

Entrou para o Partido Comunista em 1918 e deu início a uma longa e atribulada militância. Com a proclamação da República Húngara, em 1919, foi nomeado Vice-Comissário do Povo para a Cultura e a Educação Popular. Em agosto, finda a República, rumou para o exílio. Depois de Viena e Berlim, viveu em Moscou de 1933 a 1944, quando retornou a Budapeste. Em 1956, frente ao processo de abertura política, foi nomeado Ministro da Cultura. Com a invasão da Hungria pela União Soviética, foi deportado para a Romênia. Um ano depois, ao retornar à capital húngara, perdeu a cátedra universitária e foi expulso do Partido Comunista, ao qual só iria se reintegrar em 1967. Faleceu em 4 de junho de 1971.

Crítica

A lélek és a formák. [A alma e as formas]. Budapeste: Franklin, 1910.

A modern dráma fejlödésének története [História do desenvolvimento do drama moderno]. Budapeste: Franklin-Társulat, 1911, 2 vols.

A teoria do romance

Taktica és etika. [Tática e ética]. Budapeste: Közoktatási Népbiztosság Kiadása, 1919.

Die Theorie des Romans [Teoria do romance]. Berlim: Paul Cassirer, 1920.

Geschichte und Klassenbewusstsein [História e consciência de classe]. Berlim: Malik Verlag, 1923.

Lenin: Studie über den Zusammenhang seiner Gedanken [Lênin: a coerência do seu pensamento]. Viena: Verlag der Arbeiter-Buchhandlung, 1924.

Moses Hess und die Probleme der Idealistischen Dialektik [Moses Hess e os problemas da dialética idealista]. *Archiv für die Geschichte des Sozialismus und der Arbeiterbewegung,* XII, 1926.

Balzac, Stendhal, Zola. Budapeste: Hungária, 1945.

Irodalom és demokracia [Literatura e democracia]. Budapeste: Szikra, 1945.

A történelmi regény [O romance histórico]. Budapeste: Hungária, 1947.

Goethe und seine Zeit [Goethe e sua época]. Berna: Francke, 1947.

Thomas Mann. Budapeste: Hungária, 1947.

Der Junge Hegel [O jovem Hegel]. Zurique/Viena: Europa Verlag, 1948.

Schicksalswende [Reviravoltas do destino]. Berlim: Aufbau Verlag, 1948.

Essays über Realismus [Ensaios sobre o realismo]. Berlim: Aufbau Verlag, 1948.

Existentialisme ou marxisme? [Existencialismo ou marxismo?] Paris: Nagel, 1948

Karl Marx und Friedrich Engels als Literaturhistoriker [Karl Marx e Friedrich Engels como historiadores da literatura]. Berlim: Aufbau Verlag, 1948.

Andy Endre. Budapeste: Szikra, 1949.

Der russische Realismus in der Weltliteratur [O realismo russo na literatura mundial]. Berlim: Aufbau Verlag, 1952.

Deutsche Realisten des neunzehnten Jahrhunderts [Realistas alemães do século XIX]. Berlim: Aufbau Verlag, 1951.

Balzac und der Französische Realismus [Balzac e o realismo francês]. Berlim: Aufbau Verlag, 1952.

Skizze einer Geschichte der neueren deutschen Literatur [Esboço para uma história da nova literatura alemã]. Berlim: Aufbau Verlag, 1953.

Sobre o autor

Die Zerstörung der Vernunft [A destruição da razão]. Berlim: Aufbau Verlag, 1954.

Beiträge zur Geschichte der Ästhetik [Contribuição à história da estética]. Berlim: Aufbau Verlag, 1954.

Probleme des Realismus [Problemas do realismo]. Berlim: Aufbau Verlag, 1955.

Wider den missverstandenen Realismus [Contra o realismo mal-compreendido]. Hamburgo: Claasen, 1958.

Die Eigenart des Asthetischen [Estética]. Neuwied: Luchterhand, 1963, 2 vols.

Solzhenitsyn. Neuwied/Berlim: Luchterhand, 1970.

Obras publicadas no Brasil

Existencialismo ou marxismo? Tradução de José Carlos Bruni. São Paulo: Editora Senzala, 1967.

Ensaios sobre literatura. Tradução, entre outros, de Giseh Vianna Konder, Elio Gaspari, Hilda Vieira de Castro Merquior e Carlos Nelson Coutinho. Coordenação e prefácio de Leandro Konder. Rio de Janeiro: Civilização Brasileira, 1964; 2ª edição, 1968.

Marxismo e teoria da literatura. Seleção e tradução de Carlos Nelson Coutinho. Rio de Janeiro: Civilização Brasileira, 1968; 2ª edição, São Paulo: Expressão Popular, 2010.

Realismo crítico hoje. Introdução de Carlos Nelson Coutinho. Tradução do francês de Erminio Rodrigues. Brasília: Coordenada, 1969.

Introdução a uma estética marxista. Tradução de Carlos Nelson Coutinho e Leandro Konder. Rio de Janeiro: Civilização Brasileira, 1970.

A falsa e a verdadeira ontologia de Hegel. Tradução de Carlos Nelson Coutinho. São Paulo: Ciências Humanas, 1979.

Os princípios ontológicos fundamentais de Marx. Tradução de Carlos Nelson Coutinho. São Paulo: Ciências Humanas, 1979.

História e consciência de classe: estudos sobre a dialética marxista. Tradução de Telma Costa. Rio de Janeiro: Elfos, 1989. Nova edição: Tradução de Rodnei Nascimento. São Paulo: Martins Fontes, 2003.

"À memória de G. Simmel", posfácio a *Filosofia do amor* de Georg Simmel. Tradução de Luís Eduardo de Lima Brandão. São Paulo: Martins Fontes, 1993.

A teoria do romance

"Os anos de aprendizado de Wilhelm Meister" *in Os anos de aprendizado de Wilhelm Meister* de J. W. Goethe. Tradução de Nicolino Simone Neto. São Paulo: Ensaio, 1994; 2ª edição, São Paulo: Editora 34, 2006.

"O romance como epopeia burguesa" *in Revista Ensaios Ad Hominem*, nº 1, tomo II. Tradução de Letizia Zini Antunes. São Paulo: Estudos e Edições Ad Hominem, 1999.

O jovem Marx e outros escritos de filosofia. Organização e tradução de Carlos Nelson Coutinho e José Paulo Netto. Rio de Janeiro: Editora UFRJ, 2007.

Socialismo e democratização: escritos políticos (1956-1971). Organização e tradução de Carlos Nelson Coutinho e José Paulo Netto. Rio de Janeiro: Editora UFRJ, 2008.

Arte e sociedade: escritos estéticos (1932-1967). Organização e tradução de Carlos Nelson Coutinho e José Paulo Netto. Rio de Janeiro: Editora UFRJ, 2009.

Prolegômenos para uma ontologia do ser social: questões de princípios para uma ontologia hoje tornada possível. Prefácio de Ester Vaisman e Ronaldo Vielmi Fortes. Posfácio de Nicolas Tertulian. Tradução de Lya Luft e Rodnei Nascimento. São Paulo: Boitempo, 2010.

O romance histórico. Apresentação de Arlenice Almeida da Silva. Tradução de Rubens Enderle. São Paulo: Boitempo, 2011.

Lenin: um estudo sobre a unidade de seu pensamento. Apresentação e notas de Miguel Vedda. Tradução de Rubens Enderle. São Paulo: Boitempo, 2012.

Para uma ontologia do ser social - Vol. 1. Prefácio de Ester Vaisman e Ronaldo Vielmi Fortes. Posfácio de Nicolas Tertulian. Tradução de Nélio Schneider e outros. São Paulo: Boitempo, 2012.

Para uma ontologia do ser social - Vol. 2. Prefácio de Guido Oldrini. Tradução de Nélio Schneider e outros. São Paulo: Boitempo, 2013.

A imagem reproduzida na capa é
Estudo para Composição IV, 1911, Wassily Kandinsky,
desenho em nanquim, 25 x 30,5 cm.

COLEÇÃO ESPÍRITO CRÍTICO

A Coleção Espírito Crítico pretende atuar em duas frentes: publicar obras que constituem nossa melhor tradição ensaística e tornar acessível ao leitor brasileiro um amplo repertório de clássicos da crítica internacional. Embora a literatura atue como vetor, a perspectiva da coleção é dialogar com a história, a sociologia, a antropologia, a filosofia e as ciências políticas.

Roberto Schwarz
Ao vencedor as batatas

João Luiz Lafetá
1930: a crítica e o Modernismo

Davi Arrigucci Jr.
O cacto e as ruínas

Roberto Schwarz
Um mestre na periferia do capitalismo

Georg Lukács
A teoria do romance

Antonio Candido
Os parceiros do Rio Bonito

Walter Benjamin
Reflexões sobre a criança,
o brinquedo e a educação

Vinicius Dantas
Bibliografia de Antonio Candido

Antonio Candido
Textos de intervenção

Alfredo Bosi
Céu, inferno

Gilda de Mello e Souza
O tupi e o alaúde

Theodor W. Adorno
Notas de literatura I

Willi Bolle
grandesertão.br

João Luiz Lafetá
A dimensão da noite

Gilda de Mello e Souza
A ideia e o figurado

Erich Auerbach
Ensaios de literatura ocidental

Walter Benjamin
Ensaios reunidos:
escritos sobre Goethe

Gilda de Mello e Souza
Exercícios de leitura

José Antonio Pasta
Trabalho de Brecht

Walter Benjamin
Escritos sobre mito e linguagem

Ismail Xavier
Sertão mar

Roberto Schwarz
Seja como for

Erich Auerbach
A novela no início do Renascimento

Paulo Eduardo Arantes
Formação e desconstrução

Este livro foi composto
em Adobe Garamond
pela Bracher & Malta,
com CTP da New Print
e impressão da Graphium
em papel Pólen Soft
80 g/m^2 da Cia. Suzano
de Papel e Celulose para a
Duas Cidades/Editora 34,
em julho de 2021.